# 小宅買房
# 裝修全書

台灣東販編輯部──編著

RENOVATE

SMALL HOUSES

WITH MOST BENEFITS

目　錄

# Chapter 1

## 關於小宅，你該懂的這些事

### Point 1　從專家思維了解小宅裝修

構設計　　　　　　　　　　　　　　　　　　　　　　　　012

隱作設計　　　　　　　　　　　　　　　　　　　　　　　016

向度設計　　　　　　　　　　　　　　　　　　　　　　　020

### Point 2　買屋前，你該知道的事

01 ｜小宅格局怎麼看　　　　　　　　　　　　　　　　　024

02 ｜破解小宅買房迷思　　　　　　　　　　　　　　　　034

# Chapter 2

## 小宅裝修，這樣做

### Point 1　格局這樣做，空間變大更好用　　　　　　　046

Q&A

Q1 開放空間感覺很沒隱私，有什麼方法可以改善？　　　　　　　　　　051

Q2 小坪數只能用開放式格局設計嗎？　　　　　　　　　　　　　　　051

Q3 空間太小沒有玄關，又想有落塵區，要怎麼做？　　　　　　　　　052

Q4 要放沙發，還要放邊桌、電視櫃，客廳變得超擠很難走，怎麼辦？　053

Q5 不管怎麼格，就是會一直出現走道，問題出在哪裡？　　　　　　　054

Q6 想省空間，結果走道太窄只能走一個人，怎麼辦？　　　　　　　　055

Q7 想用半牆隔出工作區，半牆做多高，才不會有壓迫感？　　　　　　055

Q8 臥房空間超小，家具怎麼擺才不會連走的空間都沒有？　　　　　　056

Q9 唯一的採光在臥室，導致客廳很暗沒採光，怎麼改善？　　　　　　057

Q10 屋高比一般房子高，想隔一個夾層房間，可以嗎？　　　　　　　　057

Q11 坪數小又想多隔一房，可是空間變小還有壓迫感，有解決辦法嗎？　058

Q12 只有 20 坪隔了三房，要買嗎？會不會連床都放不下？　　　　　　059

Q13 設計師建議用玻璃隔間，但隔音效果好嗎？　　　　　　　　　　　059

Q14 想做開放式廚房，但小宅適合嗎？　　　　　　　　　　　　　　　060

Q15 夾層怎麼做才不會很有壓迫感？　　　　　　　　　　　　　　　　061

Q16 浴室空間太小，怎麼做才不會感覺陰暗狹小，又卡卡的不順暢？　　062

Q17 兩間臥房的門同時打開會一直打到，問題出在哪裡？要怎麼解決？　063

Q18 只有單面採光，怎麼做才能讓空間可以明亮一些？　　　　　　　　063

# Point 2　顏色用對了，讓家瞬間變大　064

## Q&A

**Q1** 建材的顏色有需要特別選用淺一點的顏色嗎？　069

**Q2** 小坪數用深色會不會讓空間變暗，還變小變窄？　070

**Q3** 聽說白色有放大效果，但不想空間一片白，有什麼其它淺色的選擇？　070

**Q4** 空間以白色為主，家具顏色怎麼挑？顏色太強烈會不會很突兀？　071

**Q5** 喜歡鮮豔多彩的配色，家裡只有十幾坪，適合嗎？　071

**Q6** 天花板和地板顏色和牆面不一樣，有影響嗎？顏色怎麼挑？　072

**Q7** 想讓空間有放大效果，用單一顏色真的是最好的選擇嗎？　073

**Q8** 採光挑件不是很好，選淺色能讓空間變明亮嗎？　074

**Q9** 全部淺色感覺太單調，想局部搭配不同顏色，怎麼配比較好看？　075

**Q10** 牆面想貼壁紙，選的顏色和圖案，對空間大小感受有影響嗎？　076

**Q11** 很喜歡木素材，想在十幾坪的空間使用木素材，木頭顏色要特別挑過嗎？　076

**Q12** 想用鏡面材質放大空間，但想和空間色調搭配，怎麼選才好？　077

**Q13** 想用深色櫃子，但家裡只有十幾坪，空間會不會因此變小有壓迫感？　078

**Q14** 小宅家具顏色怎麼搭比較好？　078

**Q15** 很喜歡黑色，但空間不大，可以用黑色嗎？　079

**Q16** 小宅主臥、次臥空間都超小，牆面適合漆什麼顏色？　079

## Point 3　空間小，一樣很好收　　080

### Q&A

**Q1** 東西又雜又亂，做有門片的櫃子，全部收起來看起來比較乾淨？　　090

**Q2** 空間很小，但東西超多，收納怎麼規劃才好？　　091

**Q3** 小坪數收納櫃是不是一定要用訂製的？　　091

**Q4** 想用臥榻設計收納，做上掀式好還是抽屜式好？　　092

**Q5** 洞洞板收納很流行，不過材質不同有差嗎？能掛很重的東西嗎？　　093

**Q6** 不想要家裡被櫃體佔滿，又怕不夠收怎麼辦？　　094

**Q7** 頂天櫃好像可以收很多東西，但感覺很壓迫，該做嗎？　　094

**Q8** 小孩房格局太小，怎麼做收納櫃最有效率？　　095

**Q9** 很喜歡把東西展示出來，這種收納方式會不會很亂，不適合小坪數？　　096

**Q10** 在夾層樓梯做收納，會不會讓樓梯變得不堅固？　　097

**Q11** 想在牆上規劃收納，怎麼做才不會因為收納櫃而有壓迫感？　　098

**Q12** 打開收納櫃門時，常常會阻礙行走或打到家具，問題出在哪裡？　　098

**Q13** 衛浴已經很小，但又不能沒有收納，怎麼做才好？　　099

**Q14** 玄關做高櫃很有壓迫感，想要保有收納量又沒有壓迫感，可能嗎？　　099

Chapter 3

# 空間實例

**CASE 01** 木皮主牆面導引空間動線和機能　　　　　　　　　　　　102

**CASE 02** 雙橫拉門給予自在光線和動線　　　　　　　　　　　　　106

**CASE 03** 微調格局動線，18 坪小宅重生進化　　　　　　　　　　110

**CASE 04** 讓毛孩可以自在遊走的簡約小宅　　　　　　　　　　　　114

**CASE 05** 調轉格局，打造光影流動的日系小宅　　　　　　　　　　118

**CASE 06** 透過細膩微調，小宅生活也能如此愜意舒適　　　　　　　122

**CASE 07** 重塑格局動線，18 坪小宅既實用又開闊　　　　　　　　126

**CASE 08** 復古溫潤的機能小宅　　　　　　　　　　　　　　　　　130

**CASE 09** 摒除多餘隔牆，打開小宅新格局　　　　　　　　　　　　134

**CASE 10** 軸線配置格局創造最大空間延伸性　　　　　　　　　　　138

**CASE 11** 放寬空間尺度，實現悠遊自在的北歐生活　　　　　　　　142

**CASE 12** 打開封閉廚房，20 坪小宅湧入雙倍開闊感　　　　　　　146

CASE 13 量體層疊概念化解小宅課題　　　　　　　　　　　　　　　150

CASE 14 摺疊餐桌、複合機能讓小宅更好用　　　　　　　　　　　154

CASE 15 空間留白，釋放 12 坪小宅最大彈性　　　　　　　　　　158

CASE 16 善用空間留白設計，讓小宅也能深呼吸　　　　　　　　　162

CASE 17 空間零浪費，美感與機能兼備的法式優雅居所　　　　　　166

附錄｜DESIGNER DATA　　　　　　　　　　　　　　　　　　　170

Chapter 1

# 關於小宅，
# 你該懂的這些事

Chapter 1　關於小宅，你該懂的這些事

Point 1　從專家思維了解小宅裝修

# 小宅放大術，
# 用設計創造坪效新價值

空間設計暨圖片提供｜構設計　文｜Celine

構設計 設計總監／楊子瑩

在小宅裝修中，空間的精準劃分與彈性使用最為關鍵。設計不只解決生活需求，更能創造坪效與未來價值。好的設計，是放大每一寸空間的開始。

## 小宅痛點多，格局、預算與習慣都是挑戰

相較於大坪數住宅，小宅最棘手的問題並非空間不足，而是原始格局不良所造成的浪費。許多中古屋或新成屋雖然經過客變，但實際使用時仍面臨畸零空間過多、走道冗長、轉角突兀等困擾，導致公私領域混淆，動線凌亂無章。楊子瑩設計師指出，處理這類問題的首要策略，是將空間劃分明確、捨棄不必要的走道與隔間，盡可能讓每一寸空間都回歸實用。

然而空間處理只是第一步，預算控管才是更進階的課題。多數屋主在進行小宅裝修時會遇到「預算少、需求多」的矛盾，這時設計師的角色便是協助釐清優先順序。例如：基礎工程如水電、衛浴、固定櫃體一定要先投入預算，因為這些項目一旦入住後無法輕易更動。而像是更衣室則可以選擇簡單的吊衣桿或市售收納櫃替代，降低裝修成本。此外，也可將預算優先配置於玄關、客廳等「第一眼可見區域」，讓空間印象整體質感更提升。

另一項挑戰來自使用者自身的生活習慣。坪數小究竟要選擇開放式書房還是封閉式辦公區？中島結合餐桌是否足夠？其實答案並不只與坪數有關，更與「居住者是否善於收納」緊密相關。如果屋主整理能力較弱，開放設計反而會成為視覺壓力來源，建議以封閉櫃體與儲藏空間為主；若是屋主本身擅長收納又重視物

件陳列,則可保留更多展示型開放空間。一方面也會從使用習慣切入,規劃如鏤空抽屜、內嵌收納、滑軌筆電平台等靈活機能,讓空間能隨手整齊、有條不紊。

### 以複合式設計放大坪效,讓生活不被限制

在有限的空間中,要滿足一家人完整生活所需,就必須拋開傳統格局與家具配置框架,轉而思考「一物多用」、「區域合併」的可能性。常見手法包括:中島與餐桌結合使用、沙發改為臥榻並結合收納,或將床架下方設置儲物空間等等,都是將家具功能透過疊加的方式,既能減少佔用坪數,也讓動線更流暢清晰。

設計的核心,不在於堆疊風格,而在於是否真實回應生活所需。特別是對於小宅而言,設計更像是一種空間經濟學,每一次精準的收納安排、每一組複合機能的家具,都是對坪效的重新詮釋。當設計師能充分理解居住者的生活模式,設計便能成為擴大居住自由的工具,楊子瑩設計師認為,從居住舒適度,到未來轉手價值,小宅裝修的每一筆投入,都不只是表面的花費,更是一種深層的價值創造。

▪ 中島吧檯與餐桌整合在一起,不但能增加收納功能,也達到節省空間效果。

▪ 架高多功能房既可以作為休憩、客房等彈性用途,底部抽屜又能收納各種生活物品。

Chapter 1　關於小宅，你該懂的這些事

# 有限中創造餘裕，
# 小宅的留白美學

空間設計暨圖片提供｜隱作設計　文｜Eva

隱作設計 設計總監／鄭安志

小宅的設計核心不是強行塞進所有機能，而是居住者透過生活習慣的調整，進而調整格局動線、簡化空間，在有限的面積條件下，保有空間使用的無限彈性。懂得取捨、適當留白，打造有呼吸感的空間，才能住得舒適有餘裕。

在規劃小宅時，比起「裝進更多東西和功能」，更重要的是「如何保留空白的空間」。面對坪數有限的情況下，調度空間的靈活度、流暢動線與整合收納，才是讓小宅真正好住的核心。

**整合空間，多工重複利用**

小宅不是不能住，而是你得改變怎麼住。隱作設計設計總監鄭安志提到：「有不少業主是從大空間搬到小宅，必須調整生活習慣適應小坪數。」從是否真的需要獨立餐廳、客房會不會使用等，這些選擇會影響空間未來的使用彈性。因此鄭安志強調，設計小坪數需具備多功能整合、空間重複利用的思維，透過生活模式和空間簡化，客廳兼餐廳、書房兼客房、書桌同時作為餐桌，吧檯也可以當作工作區，允許空間交疊使用，小宅反而能展現出比想像中豐富的機能面貌。

確認空間的複合機能後，再調整格局和動線，動線是空間的節奏，需要讓人能順暢來回走動，同時達到空間利用最大化。鄭安志提到：「我會將空間格線化，以 90 公分為一格，這是最符合人體工學的活動範圍。」每個格子盡可能重疊多種機能，像是走道兼放餐椅，爭取最大的使用彈性，各個功能區整併後，自然能整理出主要的動線路徑。「安排過程中，減少動線的曲折和彎繞，就讓每一步的移動都自然順暢，剩下的空白格子則能留給居住

Chapter 1　關於小宅，你該懂的這些事

者，確保留白的空間。」透過有邏輯的動線整理，能快速理解每個區塊的功能，感受空間的整合與效率。

## 材質、色彩和線條，決定空間的呼吸感

在談到如何讓小坪數更為開闊，鄭安志指出：「視覺上的安靜，會讓小空間變得寬敞。」特別在小宅中，若每一處櫃體、牆面轉折處都各自為政，視覺容易變得破碎雜亂，無形壓縮空間感。因此在空間線條上，通常會採取同一材質從立面延伸頂面天花，有效延展視覺，減少材質切換帶來的斷點。再來是收納線條的隱化，將櫃體與牆面融為一體，收納跟樑位重疊、櫃門無把手，避免多餘的水平

▪ 適時降低隔間或櫃體高度，視線、採光雙向流通，樑體也順勢修整成圓弧轉角，保有開闊感的同時，也能讓空間更柔和。 ▪ 櫃體安排在樑下，巧妙形成完整的垂直立面，讓空間感更一致乾淨。

與垂直分割,立面更乾淨俐落。最後則是在空間的轉角適當以弧形修飾,去除硬直銳角,減少視覺衝突空間更柔和。而材質和色彩,則是以簡單純淨為核心,使用能放大視覺的白色或淺色調,同時避免選擇超過三種以上材質,以免視覺混亂。此外,利用透明的玻璃材質、半高櫃體或是自由開闔的推拉門,在空間明確區分的當下,隔間保有通透度,視覺能彼此穿透,維持開敞流動的效果。

**收納垂直發展,擴增機能**

小宅的收納設計,不能只追求「多」,更應該強調「剛好」。為了避免佔用面積,鄭安志建議:「收納不妨以垂直空間為優先。」利用天花安排層板、床下增設櫃體、臥榻底座藏物,透過垂直立面有效擴增收納機能,水平面上的櫃體,則建議盡量與生活機能整合,不額外增加櫃子數量。而家具使用頻率的高低,也會影響是否要騰出有限的空間,若是偶爾才使用的家具,像是餐桌或客床,則選用可折疊收納或隱形設計,平時隱藏收起,必要時再展開,才能在有限空間保有流動與餘裕。

面對未來小宅趨勢發展,鄭安志指出:「設計上逐漸轉向強化公共區機能,客廳與廚房成為生活核心,需要提供更多互動、工作、休閒使用的彈性,廚房朝輕量化發展,減少檯面與設備配置,因應簡單的料理需求,臥室則簡化為睡眠與更衣用途。」在這樣的限制下,學著適應減量生活,找出真正的生活優先順序,並藉由空間留白、流暢動線和彈性使用的模式,小宅自然住得寬敞舒適。

Chapter 1　關於小宅，你該懂的這些事

# 整合機能保持彈性
# 展現小宅心寬度

空間設計暨圖片提供｜向度設計　文｜陳佳歆

向度設計 主理人／曾致豪

規劃小宅著重機能整合和採光通透，回歸居住者的生活需求思考哪些機能可以整併，再理性邏輯地去劃分格局，從隱藏的垂直水平軸線中創造空間最大延伸性，讓空間保持使用彈性，並且儘可能將採光發揮到最大。

高房價和小宅化是當前台灣房地產市場的趨勢，為了實現自宅夢想，許多購屋者選擇總價較低的小宅以減輕房貸壓力，然而居住空間雖然變小，但居住需求同樣不能少，透過良好的設計規劃，就能在不妥協生活品質的原則下，打造理想的居住空間。

「小宅」在坪數上的定義並沒有絕對的標準，但在台灣住宅市場與設計業界多以 20 坪作為基準，小於 20 坪稱為「微型住宅」或「小戶型住宅」，向度設計主理人曾致豪認為室內坪數 15 坪以內（不含陽台）都可以算是小宅。但小宅不完全取決於坪數，有時也與格局配置、居住人口及生活機能設計息息相關，15 坪小宅是否住的舒適，其中關乎到居住成員關係，像是夫妻倆人生活一般只要一間臥房，就可以有較寬敞的活動空間，若是兄弟、姐妹或朋友同住，大家需要各自的房間，使用空間相對來講就顯得比較擁擠了。

## 複合機能平衡坪數與需求

小宅在設計與規劃上常面臨一些挑戰，這些挑戰大多圍繞在坪數有限，但功能需求不減之間的微妙平衡，向度設計主理人曾致豪表示：「如何整合機能，保持採光和空間彈性是規劃小宅需要著重的地方」，因為即使空間小，仍然要滿足居住者的基本居住功能，如何在有限坪數內把機能合一就是重要課題，大空間可

Chapter 1　關於小宅，你該懂的這些事

以有完整的餐廳、書房等，但小宅條件有限，統整使用區域機能，儘量在不犧牲功能情況下縮減空間，保持使用彈性很重要。

採光是小宅常見課題，若遇到單面採光格局，往往為了區分空間而阻擋了光線，向度設計主理人曾致豪說：「採光是否通透影響到居住者視覺和心理感受，在規劃小宅格局時盡可能將採光發揮到最大，才能讓空間感更舒適」。向度設計的小宅案常使用橫拉門，運用拉門保持隔間彈性和空間開闊性，當有客人來訪時也能給予臥房隱私性，同時也能讓光線做最大範圍的延展。

▪電視牆面下方運用鏡面材質引導視覺延伸空間，整個牆面量體感覺也較為輕盈。▪藉由櫃體、牆面排列及隱藏門片設計，讓光線能延伸至每個空間裡；隱藏門片保有空間彈性與通透視野，使動線更加直覺。

▪ 收納依家庭需求及不同空間需求適當配置，並給予調整彈性，使居家空間更容易維持整潔。

## 收納設計保持調整彈性

想要在有限空間發揮最大的收納功能同時不感到壓迫，也是小宅的另一個考驗，向度設計主理人曾致豪表示：「格局規劃時要減少產生畸零角，盡可能讓格局方正，這樣設計出來的櫃體可以做更好的使用，除此之外，櫃體內的層板以活動式為主，再依自己的使用狀況增加收納盒或層架，保持使用彈性能更有效利用空間，當收納能隨使用需求調整，東西就不容易亂堆。」所有居住者都希望小宅看起來更寬敞開闊，這時可善用玻璃或鏡面材質，讓視線穿透、光線流動、空間反射，同時能使收納量體更為輕盈。

比起大坪數，小宅格局要把每個空間配置的剛剛好不是件容易的事，如向度設計主理人曾致豪先前所提到，規劃小宅優先考量機能整合和通透採光，但前提仍要回歸居住者需求，從需求清單中思考哪些機能可以整合，再用理性邏輯的方式去劃分格局，從垂直水平軸線中創造空間最大延伸性，讓空間多功能使用、保持彈性，將空間留給最常待的地方，讓家的舒適度不再被坪數侷限，而是可以放鬆身心的自在居所。

Chapter 1　關於小宅，你該懂的這些事

## Point 2　買屋前，你該知道的事

空間設計暨圖片提供｜日常計劃空間設計

近年房價高漲，如雨後春筍般湧現的小坪數住宅，吸引不少首購族或預算有限的購屋者，然而，小宅總價雖然親民，其實仍隱藏有不少問題，接下來將探討關於小坪數住宅買房、室內裝修迷思與真相，幫助小宅屋主，或想購入小宅的你，做出更明智的決定。

### 01 ｜小宅格局怎麼看

# 空間越小，
# 爛格局越容易被放大

家好不好住，除了取決於坪數大小、空間開闊外，更重要的是格局好不好用。特別是對小住宅來說，因為空間小，相較之下格局的缺點很容易被放大，尤其不少有問題的格局更是難以遮掩、無法避開，因此，買房時要更小心，以免增加後續規劃或空間配置難度。

目前房屋市場確實是小宅當道，近十年來 15 坪以下小宅的推案量幾乎是翻倍成長，主要原因除了房價持續高漲，家庭結構變化也是關鍵，不婚族、頂客族、小家庭，甚至大齡單身族，大家對小宅房型接受度越來越高，族群也越廣，為了因應大眾需求，格局變化性也會更多元，但無論想如何規劃，先天格局的好壞還是最重要的，而以下幾種常見的小宅格局，也會建議購買前最好再想想。

### 採光不佳造成暗廳，久住恐不健康

　　中大坪數住宅格局多有大面落地窗，及各區域的多面採光窗，但不少低於 15 坪，甚或只有約 10 坪的小宅，卻因為連接到外牆的面積被壓縮，有採光不佳的問題，尤其建築基地越大的小宅戶型，越可能有採光不足的問題，原因在於外牆有限，建案戶數越多每戶可享有的窗戶自然跟著變小，也容易形成下面幾種屋型。

空間設計暨圖片資料提供▎吾他川設計

Chapter 1　關於小宅，你該懂的這些事

▪ 單面採光是很常見的小宅格局，購屋前要注意採光窗位置，採光窗位置好，加上後續規劃，小宅也能有明亮的空間。空間設計暨圖片提供｜向度設計

## 1. 單面採光窗

　　很常見的小宅格局，在購屋前要注意的是採光窗的位置，如果是方正格局配上大面窗戶，還有機會將單面採光分享給公、私領域，避免有暗房格局算是還可以接受；但若是狹長型小宅，加上窗戶只能配置在房子末端的臥房，這樣一來容易造成屋內一半以上的區域不臨窗，而且玄關或客、餐廳都會有陰暗感，建議屋內最好採開放格局設計，或另覓格局較佳的房子；以免當屋內再做隔間牆，勢必會讓採光與空氣流通效果更差，長期居住較易影響心情與健康。

## 2. 多面窗但都很小

　　有些小宅每個區域雖然都有自己的窗戶，但是窗型無法與中大宅一樣呈現開

闊感，或者有些只有氣窗或長窗，不僅室內明亮度受影響，而且建築對外窗多半無法更動，所以也將一定程度限制了格局規劃的自由度，購房前要多注意窗型與分配位置。

### 3. 窗戶面對天井或無對外窗

小宅原本就是將一棟建築做碎片化切割，為了讓每間房都能有對外窗，分佈在建築中央的房型可能會採取天井設計，好讓房子有開窗機會。但是天井窗日照角度有限，若樓層位於較低處有可能根本沒有陽光照入，長期下來容易潮濕、陰暗，空氣流通性也會受影響。此外，天井若與鄰居的窗戶是採對開設計，更可能礙於隱私而長期不願意開窗，這樣一來形同無對外窗，成為最糟糕的小宅屋型。

## 基地奇形怪狀，易形成空間浪費

多數人都喜歡方方正正的屋型，不但平面配置規劃方便合理，也可以縮短動線、減少空間浪費。但每一樓層要分割成更多間房子，加上要考量每一戶坪數，還有公共區動線與對外窗等各種條件後，導致小宅房型中很常見有狹長形，或各式畸零形狀的基地產生，這也為室內規劃增添不少難度。

### 1. 狹長格局增加動線

這類房型無論是大中小宅都容易使行走動線增長，不僅容易影響家人生活互動與方便性，也會多浪費一點空間，加長動線對於中大型住宅困擾可能不大，畢竟動線對整體空間占比看起來相對有限，但對小宅來說，動線如果多個 0.5 坪或 1 坪，就等於少了 2～3 個櫥櫃空間，相較之下問題就放大許多，這也是購屋前比較容易被忽略的問題。

▪ 即使是小宅最好還是挑方正格局，且應有明亮廳堂才健康，若一入門就見到落地窗，可用小隔屏稍作遮掩。空間設計暨圖片提供｜吾他川設計

## 2. 基地畸零崎嶇

不管是受限建築造型與對外窗形狀，或基於建商分割規劃的考量，常導致小宅格局出現 L、ㄇ或多角形基地，甚至各種不規則形狀基地，這些情形發生在對於坪效必須錙銖必較的小宅來說，很容易增加設計難度，雖然多半可以利用櫥櫃來調整畸零格局，但也可能無形中降低空間利用率，讓小宅更狹窄。

## 3. 大樑柱突兀壓迫感

因為位處地震帶區，加上配合建築法規因素，建築的結構樑柱無可避免，但在越小的空間，大樑或柱子的視覺感受卻會被放大，雖然大多數樑柱都會盡量沿著房屋牆邊設立，但仍會造成不小的壓迫感。

所以挑選房子時應仔細看看整層樓的平面配置，盡量挑選柱體被包入牆內的戶型，減少牆面凹凸畸零感；大樑雖很難避免，但有些大樑位置在客廳中央或橫切房間，導致視覺上很突兀不適，必須封天花板降低屋高，也是不良格局。

## 格局規劃不佳，動線、舒適性都堪慮

除非買的是毛胚屋，或是買下房子後決定大刀闊斧拆除舊有隔間、重塑格局，否則買屋前一定要特別注意現有格局是否合乎自己需求，還有動線合不合理，走道會不會有過長或繞路等問題。

### 1. 面寬過窄難擺沙發、電視

買預售屋前多會先看平面配置圖，有些建商會將十來坪小宅隔成二房二廳，甚至三房二廳，看起來很超值，但要特別小心這樣的平面配置可能在交屋時才發現根本是災難。首先，十幾坪除去 2～3 間房間與廚房、衛浴間後，剩餘的客廳恐怕很小，面寬窄到難以放下正常沙發或家具，提醒一下，若想擺 3 人沙發面寬最好不要低於 250 公分，才會稍顯寬適些。

### 2. 電視牆收視距離過短

小客廳另一個常見問題就是電視牆收視距離不足，若喜歡大尺寸（約 60 吋以上）電視，最好預留 2.5 至 3 米的距離較佳，以免看電視時間一久容易頭暈，或者需將電視斜放來拉長收視距離。

### 3. 確認臥房尺寸與家具規格

買房時通常看到平面圖上的臥房可以放下一床、一桌及櫥櫃就覺得很安心，但一般單人床尺寸為 106×188 公分，雙人床則是 182×188 公分，所以要注意平面圖的圖示是否為正常尺寸，如果只是作縮小示範，日後交屋會發生常規的床或

家具擺不進去，導致可能要改用訂製家具，因此提高裝潢預算。最後如果是雙人住的臥房，要考量是否能維持床兩側都可下床的動線，若僅有單側動線，代表睡內側的人下床時會影響睡在外側的人。

### 4. 動線蜿蜒浪費空間降低坪效

空間坪效絕對是小坪數住宅的設計重點，但每個空間都有一定的格局需求，可以省略或縮減的幅度也不大，但是動線就不一樣，如果能透過格局配置，將原本獨立使用的動線空間融入各區域中，讓動線無形化，自然而然可省下 1～2 坪空間，也等於是讓各個區域變得更開闊些。

動線如果能無形化當然最理想，但不是每個空間都能辦到，如果房子屬於狹長型基地，又不想做開放格局規劃，恐怕就難以避免會有獨立動線，造成空間浪費。另外，也有些不合理的小宅格局，如衛浴間在廚房後方，書房、臥房要繞道等，這些都會讓空間坪效更低。若有夾層樓梯則要注意樓梯位置，因為樓梯移位是大工程，所以若樓梯位置不合理或會影響採光的格局最好避開；至於梯形過於笨重巨大也會浪費空間，又容易遮擋光源，同樣不優。

▪ 對小宅來說，開放式格將動線無形化，藉此可省下走道空間，避免坪數浪費，同時也能製造開闊感。空間設計暨圖片提供│構設計

## 風水禁忌難避開，影響運勢、住起來不踏實

買小宅的屋主不少是首購族，買房時可能只想到需求，沒有注意風水問題，但即使不是盡信於傳統風水思維，很多格局的思考邏輯都有科學基礎，所以這些民俗風水禁忌格局能避開還是別碰吧！

### 1. 暗廳明房恐擋財

傳統認為明廳暗房才是較合理的風水，主要是明亮廳堂不僅大器，日常家人親友同聚相處時也舒適些，房間適合少光害干擾的環境才有助睡眠。不過，前面提到過小宅因單面採光，或是因為房間規劃在建築外圍區，大廳很容易沒有對外窗，這在風水上被視為不易受財神眷顧的格局外，住起來確實也較不舒適。

### 2. 開門見灶易漏財

這也是很多小宅會碰到的難解格局，大家都知道廚房是負責家人溫飽的重地，也就是財寶庫象徵，開門見灶等於財寶外露，被視為容易漏財的格局。

然而換個角度來看，現代小宅屋主很多人不常在家開伙，食物自然不全然存在廚房裡，加上以前認為明火外露不好，但很多小宅採用電爐或各種電子鍋具，完全沒有明火，所以排除開門見灶火的擔憂，也讓這類格局的疑慮降低不少。如果真的還是覺得不妥，可利用高於爐具的吧檯做遮擋，便能減緩廚房漏財的格局問題。

### 3. 廚房正對房門壞了情緒、影響健康

這個問題格局主要是擔心廚房油煙會污濁室內空氣，尤其正對著房間門更會影響身心健康。不過，若不常開伙自然沒有油煙問題，也不會有後續身心健康等負面影響，屋主可依自身狀況來評估是否須避開這樣的格局。

▪ 臥房格局雖不大，仍可在床鋪與窗戶間利用布簾之類的軟隔間，區隔出陽台小天地，同時生活隱私也較佳。空間設計暨圖片提供｜吾他川設計

## 4. 開門見床招來爛桃花

　　有不少迷你小宅因為希望空間住起來寬鬆一點，所以採用開放格局，但是這樣容易有一打開大門就見到床的狀況，這樣的格局在風水上容易招來爛桃花，雖不知是否為真，但確實會讓人有睡不安穩的疑慮，久而久之可能會導致睡眠問題。另一方面，臥房也要隨時維持整潔，否則會讓家裡看起來雜亂。如果真的不想多做隔間牆來切割空間，或許可以簡單地用屏風或櫥櫃作遮掩，也能讓空間較有層次感。

## 5. 大門正對衛浴間門影響家人健康

　　衛浴間被視為穢氣聚集的重地，所以大門一開就正對衛浴間的門自然不是甚

麼好格局，偏偏不少套房式的小宅格局會將衛浴間放在大門周邊，如果能避開當然別選這樣的格局，但若無法避開，應該將大門改個方向，或在大門與廁所門之間加一道隔屏。另外，衛浴門也要避免對著床頭，以免穢氣直衝影響健康。

### 6. 天花板鏡面造成精神耗弱

　　利用鏡面反射出更大的空間感，是很多小宅想讓空間變大的設計手法，但有些地方可能不適合貼鏡的設計，例如：天花板、床頭及書桌正前方這幾個地方，最好少用鏡面來作反射設計，以避免家庭不和諧，加上反映出自己人影恐會嚇到自己，也容易會有精神耗弱的影響。

### 7. 大樑橫跨床位心理壓力大

　　無論是大宅或小宅，大樑壓床確實是讓人不舒服的格局，特別是小宅房間小，會讓大樑量體有放大錯覺，由於小房間能選擇的床向方位容易受限，不像大房間換個方向就能解決，所以購屋時要特別注意這個問題，以免交屋時才發現只能用裝潢來解決，裝潢預算被拉高。

### 8. 門口鞋物散置易有口舌災

　　小宅空間這麼珍貴，該不該做玄關見仁見智，但即使沒有要特別規劃正式玄關落塵區，也要有專屬的鞋櫃或隔屏等設計，避免一進門有鞋物雜亂的印象，也會讓空間更有層次感。

Chapter 1　關於小宅，你該懂的這些事

## 02 ｜破解小宅買房迷思

# 小宅真超值或假話術？
# 搞懂再出手

小宅日漸受歡迎，甚至成為國內房市主流，但買房不像買衣服、包包，即便買錯也無傷大雅，一旦買到不合用的房子，不僅住得不開心，想忍痛賣掉也不容易。多數小宅屋主是首購族，買房經驗不多，買房知識多從銷售員或親朋好友口中聽來，如何認清購屋迷思、避免誤踩小宅雷區，是小宅屋主必修的第一課。

空間設計暨圖片提供｜吾他川設計

都會區買房門檻越來越高，讓第一次踏進房市的屋主多數只能從小宅入手，畢竟坪數小、總價相對平易近人的房型，讓購屋者機會多了一些。但看似低總價的小宅真的比中大坪數買起來更划算嗎？日後若想換大屋時，總價低的小宅是不是會比較容易脫手呢？還有若自己想從大屋換小宅的屋主是不是也擔心，只有舊家一半的空間夠住嗎？只有 10 坪的小宅能隔出 2 房 2 廳嗎？正想出手買小宅的你，腦中是不是也有一個個問號，這些你都弄清楚了嗎？

## 小宅總價較低，負擔小、更划算？

如果就總價來看，小宅自然比中大坪數住宅的價格來得低，但若是以同一地段、同樣屋齡，或同一社區房價來看，小坪數每坪單價通常高於一般中大坪數的平均單價。主要是因為小宅總價低，容易降低屋主抵抗性而願意購買；當然，也可以說是類似買東西時數量大則價錢較優惠。

也有人認為傳統房市還是以中大坪數為主力商品，產品多導致價格競爭與議價空間相對大，至於小坪數則會貴一點。一般同樣條件的小宅與中大宅每坪單價價差可能在 2～4 萬，有些價差甚至到 7～8 萬，買房時千萬要多比價後再決定。

## 聽說小宅樑柱比較多、較安全，真的嗎？

無論是大小宅，合法合規的建築都必須依照政府法規來配置結構樑，所以不一定小宅樑柱就比較多。但是確實有小宅建案為了提高安全性與分割戶型考量，可能在結構上配置較多樑柱，雖然安全性更好，但缺點是一旦購買的戶型遇到有大樑橫跨在天花板時，會因為空間本身就小，讓樑柱顯得更大且突兀，同時也會佔掉室內空間，或形成畸零格局，讓原本侷限的空間更有壓迫感。

如果是買成屋可現場抬頭看看樑柱是不是會讓人不舒適；若買預售屋，一定

要事先注意平面配置圖上樑柱的標示位置，以免交屋後才發現樑柱很大而影響整體規劃。

### 總價更低，所以流轉率會更高、更好脫手？

房屋買賣的因素相當多元，價格雖是主因之一，但還要考量區域、地段、附近交通，甚至社區的管理優劣等，絕非單純靠低總價來決定是否容易轉手。其中特別要注意的是購買小宅的主要客戶群以年輕族群居多，多半是單身、頂客族或小家庭，這些族群多半還在上班、上課階段，所以地段最好是蛋黃區、蛋白區或學區。

交通方便性高，周邊生活機能也較周全的小宅，確實流轉率會高很多，即使沒賣也可出租當房東，但若是過於偏僻的地點或管理不佳的社區則不易脫手，或只能降價求售。另外，近年有建商推出價格不斐的小宅，有些建案單坪價格甚至破百萬，雖然地段好、社區環境佳，但畢竟高總價，後續接手購買的客群有限，日後可能較難脫手。

### 頭期款低的低首付，能助你早日實現成家夢？

小宅屋主多半手上準備的資金不太多，沒關係，有建商很佛心地告訴你來買我的小宅不僅總價低，頭期款也低，讓你年紀輕輕就能圓夢、晉身有殼蝸牛，這一切聽起來似乎很美好！但要小心買這種低首付的房子後續可能面臨一些狀況，例如自身財力能否負擔後續每期工程款？還有日後銀行對低首付的房屋貸款審查可能更嚴格，甚至是貸款成數也會比較低，畢竟銀行也要防範日後屋主無法還款的風險。

所以專家建議，無論買房是不是用低首付，自備款最好還是準備總價的三成

以上,甚至四成會更保險,這樣日後付款或週轉金會比較充裕,降低房貸壓力以及慘變斷頭法拍屋的可能性。

### 買屋送裝潢,一卡皮箱就入住的小宅最超值?

　　賣房手法很多,針對較小坪數建案還有買房送裝潢的優惠方案,號稱屋主「拎著一卡皮箱就能入住」,尤其建商會先秀出樣品屋或實品屋,每間看起來都是燈光美、氣氛佳,屋主們可能瞬間被眼前的美夢迷惑。但先冷靜一下!買房送裝潢確實可以省下一些裝修預算,但如果建商送的裝潢不喜歡通常不能退,就算合約寫好可以退,退款金額也會低於市價,不見得是建商要佔屋主便宜,關鍵在於建商是大量採購,建材與設備可壓低價格,自然退款會較少。

▪ 買房送裝修好像很吸引人,但多為制式設計,需注意收納是否充足,設計能否滿足個人需求,以免入住後不好用。空間設計暨圖片提供｜吾他川設計

另外，送的裝潢建材、設備款式或設計內容是否與樣品屋相同或同等級，也要事先透過白紙黑字契約約定才有保障。除了以上該注意事項，最關鍵的室內設計通常都是針對屋主量身打造的格局、動線、機能，建商送的裝潢若只能制式設計，恐怕不見得能滿足自己的生活習慣與需求。

### 買小宅房型時一定要買車位嗎？

有經驗的屋主會說，房子如果沒有配車位根本就不考慮，因為一般家庭多少有一至多台車子，所以中大坪數住宅若無自有車位，上班回家後還要找車位真的很辛苦，更別說遇有天氣不好時，停好車還要冒風雨回家更心酸。就算你現在沒車不需要車位，但沒有車位的房子，未來賣房時也可能變成缺點。

然而，這種現象套用在小宅上卻不見得完全對，主要是因為買小宅的最大誘因就是低總價，但一個車位動輒上百萬或數百萬，會將購屋門檻拉高不少，即使負擔得起，但未來要賣房也會影響下一任屋主的意願，所以若是套房式小宅反而傾向不買車位。

另外，若房子地點位在都會交通便利處，對車子需求不高，當然不要拉高費用買車位，若位處偏遠，又有用車必要性那又不一樣，要依自己實際狀況來衡量。

### 小宅空間已不夠用，還做玄關會不會太浪費？

小宅需不需要做隔間其實是見仁見智的問題，但確實現在很多年輕家庭喜歡做日式玄關的落塵區，一來可以讓空間有裡外之分，不僅視覺上更具層次感、隱私性，也會讓你在出門回家時穿過玄關更有儀式感，但現實是多一道牆或屏風就會讓空間更狹窄。

雖說小宅是否要做玄關首要考量還是居住者的生活習慣，但這裡也提出設計師觀點，建議可從屋內房間數來衡量，如果十幾坪要隔出兩房以上還要做玄關確實會讓空間更緊迫，建議只用地板高低差的落塵區搭配玄關鞋櫃來因應即可。

如果同樣坪數的房型只需隔一房，就有很大機會可考慮規劃獨立玄關，甚至可將鞋櫃結合小儲藏間，這樣可以將玄關區略為放大，也有機會把入口區化作居家端景增加層次感。

- 玄關最重要的功能是做為室內與室外過渡地帶，可阻擋外在環境灰塵、髒污進入室內，為避免讓空間變得更狹隘，建議在地坪做出高低差，或用不同材質來圍出玄關區域即可。空間設計暨圖片提供｜向度設計

## 8 坪就夠住、15 坪還能隔 3 房？

多大坪數才夠住，當然會依個人需求與住幾個人而有不同答案，此外，也會因為格局優劣而有些差異，但首先還是要問自己需要幾間房？一般而言，8 坪宅建議就是一房一廳，居住人口以 1～2 人為宜，15 坪可規劃 2 房 2 廳，頂多房間可增為 2 ＋ 1 房，也就是多間小書房或多動隔間的小房間，千萬別隔太多房間，可能讓每間都過小，無法放下正常尺寸家具，住起來也不舒適。

其次，小宅屋主容易忽略電器設備放置問題，因為不管大小宅，必要家電品項、數量差異並不大，所以冰箱擺哪裡、吸塵器或掃地機有沒有地方放？廚房家電、空氣清淨機或除濕機、污衣櫃、洗衣機等，都要有地方擺跟收，若沒事先想

▪ 小空間隔太多房，容易感覺更狹隘且有封閉壓迫感，若希望空間各自獨立，可採用半牆、中島等較為彈性的隔間方式，來隱形界定出不同區域。空間設計暨圖片提供｜構設計

好，日後可能影響動線與方便性，順便一提，插座與電路也要事先想好做足。

### 房子小、但收納不能少，櫃子做滿就對了？

不論是小宅或大房，收納設計都是很重要的一環，尤其坪數小的房子多半無法再做獨立儲藏室或更衣間，所以可用的牆面都應該好好利用，做滿櫃子就對了！？當然也不是，房子買來是要給人住的，而不是當倉庫用，所以還是要住得舒適才行，尤其空間越小，櫃子產生的壓迫感會加倍放大，所以建議要有留白的牆面或多用層板取代門櫃。另外，櫥櫃位置安排也很重要，最適合做櫥櫃的地方就是大樑下方或柱子兩側牆面，藉由櫥櫃來填補樑柱旁的空間，既可滿足收納、也能避免空間畸零感。

- 大樑下與柱子旁最適合做櫥櫃，並可延伸兩側來鋪出桌面，但注意不要遮擋住採光窗。空間設計暨圖片提供｜吾他川設計

若一定要做滿牆面的櫥櫃，又擔心讓空間變小、被壓縮，可運用穿插局部開放櫃的設計，或是懸空櫥櫃、吊櫃等設計，讓地板有延伸向內的錯覺，空間視覺也會更輕盈些。

## 房子小、預算也有限，還要花錢做設計嗎？

房子越小越要設計，因為每處空間都很重要、必須充分利用。但設計不是作越多越好，隔間也不是多做多賺，尤其隔間牆很佔空間，針對十幾坪的小宅來說，隔間牆除了本身佔坪數，牆面兩側也會影響空間應用，而小宅只要因隔間而少了 0.5 坪或 1 坪就等於浪費約 1/10 空間，更遑論空間被切割破碎後，截斷視線住起來不舒服且有壓迫感。

因此，先依實際需求想好在室內保留一房或兩房的必要隔間後，其它如想要有獨立的書房、臥榻、餐廳或廚房等格局，建議可善用彈性隔間來規劃，甚至隔間牆也能改以櫥櫃取代。再者也可利用一區多用的設計概念，像是小宅客廳採用臥榻來滿足起居、客房、遊戲區等多重需求，或廚房吧檯就能作為餐廳等設計，透過巧思提高空間坪效，讓空間機能與舒適寬敞度可以達到一個平衡點。

## 交給設計師就能搞定所有夢想？想要、需要你清楚嗎？

好不容易買了房子，有些屋主就很希望能在這裡一圓自己的城堡夢，於是夢想中的中島、更衣間，日劇中的玄關、吧檯廚房或臥榻，甚至浪漫的泡澡浴缸等等，所有夢想都交給設計師就能實現？

當然不是，回到現實後，設計師會問屋主哪些是你想要、哪些又是你需要的？想要分辨是想要或需要確實不容易，打個比方說，你需要化妝區嗎？你會覺得需要，又問你要不要衣櫥，你想當然也要，但你的房間內只能二擇一做一種，這時

屋主多半就能清楚釐清，可能衣櫥更重要，或只能犧牲局部衣櫥空間來放化妝桌。諸如此類的機能或設計，屋主可透過比較的方式來抉擇需要的設計。

當然可能有屋主堅持兩者都要，但這樣一來可能讓每個機能所能使用的空間變小，配置的家具可能變成要另外訂製，無法選用常規品，除了舒適度可能打折外，訂製家具也會讓裝修費用大幅提高，這些都是小宅裝修中常見的問題，屋主應先有基本認知才能真正體驗到小宅的居住樂趣。

▪ 一區多用是小宅常見的設計，所以在廚房與客廳動線上除了倚牆配置收納櫃外，再搭配桌面做餐桌或電腦桌，滿足多元機能設計。空間設計暨圖片提供｜吾他川設計

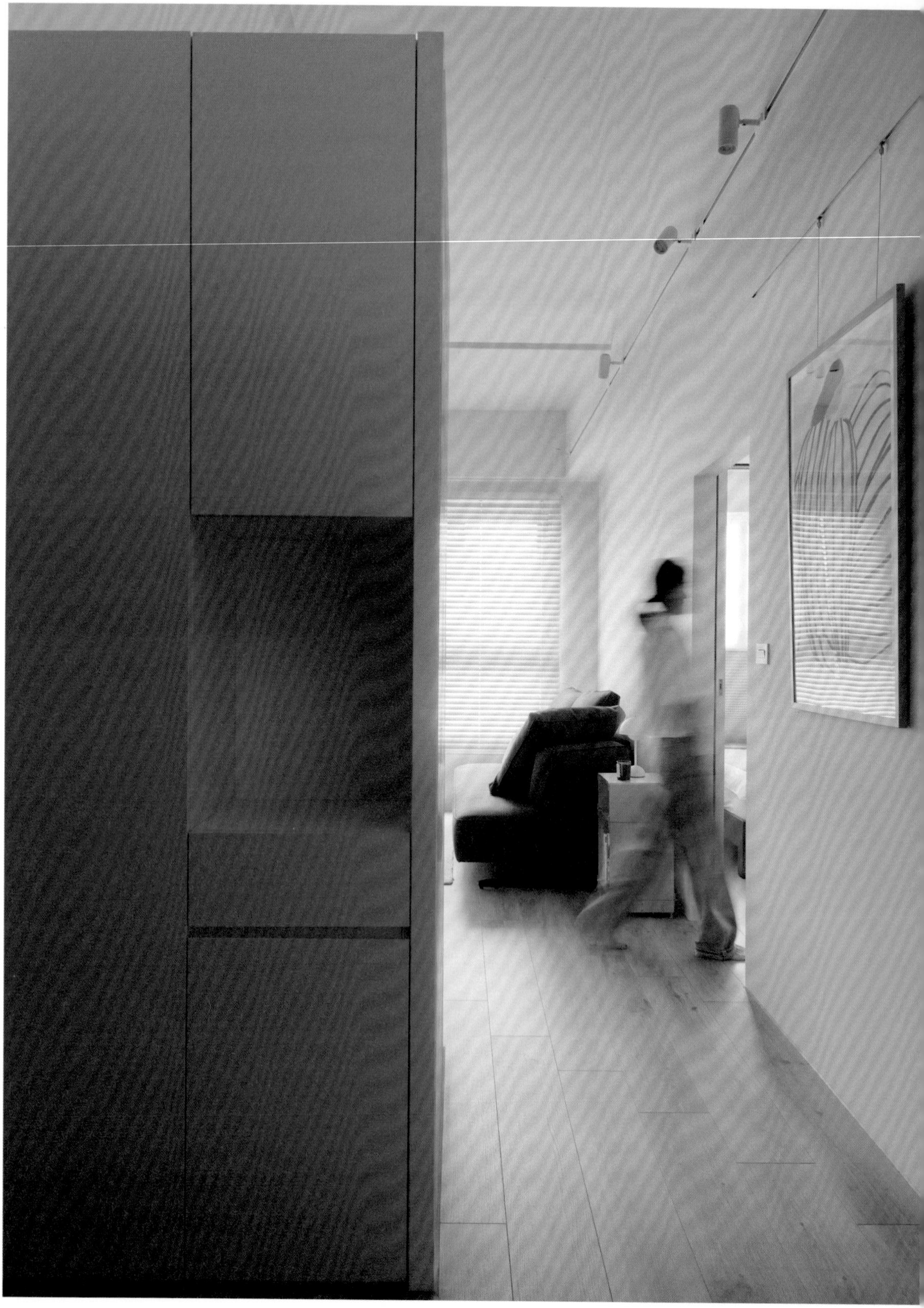

Chapter 2

小宅裝修，
這樣做

Chapter 2　小宅裝修，這樣做

**Point 1　格局這樣做，空間變大更好用**

# 空間越小，
# 越需要好的格局規劃

小宅雖是現今購房趨勢，但空間就那麼大，要塞進該有的機能，然後還要住得舒適，才是購屋後的一大考驗。比起大坪數的房子，小宅空間更需要透過一個好的格局規劃，來避免空間浪費，並確保每一坪都發揮該有的坪效，讓不到 20 坪的房子，也能有寬敞的居家感受。

空間設計暨圖片提供｜十幸制作

好的格局規劃，不只可以減少空間浪費，還能讓居住空間動線流暢，甚至有助於增進加家人互動，相對於大坪數空間，小空間容易陷入生活動線尷尬、空間狹隘難用與過於擁擠的困境，因此空間越小越是要做好、做對格局設計，才能讓小宅不只變得寬敞，還能住得舒適。

## 依個人生活模式，打造適合的空間格局

現在生活型態、家庭組成成員與過去大不相同，因此傳統制式格局裡一定要有的客廳、餐廳、廚房，不一定符合現在人生活模式，在進行規劃格局前，可以先思考一個家的生活模式與習慣。

年輕夫婦平時可能很少開伙，所以不一定要規劃獨立餐廳，將餐廚合一就可以，甚至可能一個中島吧檯，就能滿足備料、用餐雙重需求，有居家辦公需求的人，比起餐廳或許規劃一個書房才符合實際生活需求，現在科技發達，電視已非必要性，有人改用移動性高的電視架，讓電視可以隨著使用情境，移動到適合的位置，甚至有越來越多人以大型投影布幕取代，居家空間裡不再一定要有一面電視牆，如此一來客廳佈局不再受限電視牆，規劃空間自由度也更高。

▪ 若平時輕食料理居多，不用擔心油煙問題，可將餐廚房和客廳整合在同一個空間，活動空間因此能更寬敞。空間設計暨圖片提供│向度設計

▪ 公領域透過空間機能整合，形成一個寬闊的活動空間，即便坪數不大，也能享有開闊感。空間設計暨圖片提供｜溫溫空間設計

　　由此可知，不同家庭生活模式，著重生活機能不同，適用的空間格局當然也會完全不一樣，而以一個家的生活樣貌來做為格局規劃的基準，才能找出最適合的空間格局，居住在其中才能感到自在。對於空間錙銖必較的小宅來說，跳脫制式格局思維，透過減少、整併空間機能，來做出空間的留白與延展，不只發揮最佳坪效，同時也能保留空間完整性，讓小宅變得寬敞些。

## 場域整合減少隔間牆，自然就有開闊感

　　小宅格局規劃，重點在於要保有空間機能，同時又要避免空間被切割得太過零瑣，而感到封閉又狹隘，其中最常見的做法，就是透過整合不同場域來減少隔間牆的開放式格局設計，藉由取消廚房、餐廳和客廳的隔牆，將其整合成一個完整的公共區域，來讓空間得到最大化，這種設計聚焦互動性，若不只期待開闊空間，也想增添家人互動，可採用這種格局設計。

　　不過並不是每個人都能接受開放式設計，若想保留部份空間獨立性，可選擇將其中的一至兩個空間，例如選擇客廳和書房、廚房和餐廳來做整合，雖然沒有開放式格局來得敞亮，但藉由機能的整合、重疊，在保有空間功能之餘，亦能有效擴大活動範圍、放大空間感。

## 善用隔牆材質，隔間與開放兼顧

　　透過空間整併的開放式格局規劃，雖能釋放空間尺度，但若有獨立空間需求，為了不讓隔牆壓縮到空間，那麼隔間牆的設計與材質選用很重要。首先，如果對空間獨立性要求不高，可以採用半隔牆設計，一般半隔間牆高度大多落在約 90 ～ 120 公分，既能明確做出場域界定，又不會造成空間壓迫感，而且半牆設計還能賦予收納、電視牆等功能，可說是一物多用。

　　另外，可保留光線與視覺通透的格柵，也很常用來取代隔間牆，因為不會對空間造成封閉、壓迫感，而且除了有隔開空間目的，通常也可以做為點綴空間的設計元素。以格柵做為隔間，可根據對遮蔽與隱私要求，決定格柵密度，常用材質為木素材和金屬，但可根據居家風格，選用適合的格柵材質。

▪ 以通透的格柵式橫拉門來區隔空間，藉此放大採光，視線也能相互流通，拉門設計讓空間使用更彈性，當門片全部打開就成為一個寬敞的大空間。空間設計暨圖片提供｜向度設計

如果想要確實圍塑出一個獨立空間，那麼隔間材質最好讓視覺可以延伸，才不會因為受到隔牆阻斷，而讓空間感覺變得狹小，建議採用玻璃這種通透，又具延展視覺的材質，既能達到隔間目的，又不會讓人有狹隘感，若有隱私性考量，可再搭配窗簾或採用只在上半牆使用玻璃的設計，不過玻璃本身隔音效果沒有實體隔牆來得好，建議做為客房或書房會比較適合。

不到 20 坪的小宅，想讓空間可以靈活、彈性使用，建議可採用門片取代隔間牆的做法，通常搭配摺門、橫拉門片，再藉由門片的開闔來決定空間的獨立與開放，不過摺門和橫拉門的費用與門片使用材質、門片形式、尺寸大小有關，價格落差大，摺門的費用通常也會比橫拉門來得高一些。

▪ 不只公共區域，主臥採用滑門劃分出更衣區，可以簡化動線、提升使用彈性。空間設計暨圖片提供｜構設計

▪ 想維持通透又要有隱私性，可採用彈性開闔的玻璃門扇作為隔間，玻璃材質建議用千禧格玻璃或小冰柱玻璃，隱私性較高。空間設計暨圖片提供｜日居室內設計

### Q1
**開放空間感覺很沒隱私，有什麼方法可以改善？**

建議以「彈性具通透的隔間」為設計策略，可兼顧開放感與隱私性。例如書房與客廳之間使用可開闔的壓花玻璃門，透光不透影，使光線流動之餘，保有基本隱私，若需要更強的遮蔽性，也可採用布簾、布屏風等軟性隔間。

材質選擇上，壓花玻璃如千禧格玻璃、小冰柱玻璃等，因紋理細緻、透光率低，也常被用來分隔空間又不壓迫。此外，若空間希望更開放，可採用活動式門片或摺門來提升彈性，設計重點在於「模糊分界」而非「完全封閉」，根據使用者需求切換狀態，是小空間中保持通透與隱私的最佳方式。

### Q2
**小坪數只能用開放式格局設計嗎？**

建議依照居住者的生活習慣來調整，應以動線流暢與空間彈性為主軸，不強求採用開放式格局。有些人對格局完全開放的接受度低，像是需要高度隱私的臥室，就建議採用隔牆圍塑，維持安全感。

若是空間面積太小，必須維持開放格局的情況下，不妨適時利用推拉門、玻璃隔間，或是不到頂的牆體設計，創造雙向通透感，維持採光和視線的流動，有效延展空間，也能兼顧私密性。

## Q3

**空間太小沒有玄關，又想有落塵區，要怎麼做？**

即使空間有限，也能透過「材質界定」或「高低差」等方式，打造視覺與功能兼備的落塵區。常見作法之一是利用不同地坪材質來劃分區域，例如玄關處鋪設磁磚，而公共區域則為木地板，明確界定內外，也方便清理。

如果不喜歡異材質拼接，其實用相同材質一樣能做出領域界定，像是同樣使用磁磚，在玄關區可選擇與主要空間不同的磚材，例如：花磚、六角磚等，除了可做出空間界定，這類磁磚的花色變化多，選擇也多，可視空間風格與個人喜好挑選，選用圖案較強烈的磁磚，來製造活潑視覺效果，不過最好小範圍使用即可，以免整個空間元素過多，失去點綴目的。

若建築條件允許，可將室內地板略為下凹或墊高室內地坪，營造「進入家門需換鞋」的空間儀式感，若無法更動地坪，可選用質感佳的現成地墊，進行功能性劃分，為避免磁磚冰冷的觸感，現在市面也有外觀仿磁磚但材質為 SPC 或耐磨木地板的新選擇，兼顧質感與舒適。此外，也可透過玄關櫃、矮櫃等方式界定動線與功能範圍，即便無玄關，也能透過視覺與地面轉換營造「進門儀式」，讓生活更有秩序感與轉換節奏。

▪ 礙於空間格局入口較窄，特意拉出一道斜面地坪設計，並透過材質界定出內外區隔，同時斜線造型亦有延伸放大視覺的效果。空間設計暨圖片提供｜日居室內設計

### Q4 要放沙發，還要放邊桌、電視櫃，客廳變得超擠很難走，怎麼辦？

對坪數小的客廳來說，家具的配置關鍵在於「需求排序」與「家具多工」。小空間塞不下那麼多家具，所以應該先根據自己的生活習慣與需求，來釐清真正會用到的機能，以免按照傳統方式配置，不只不實用，還可能塞滿空間阻礙行走動線。

在有限空間裡，最好選用兼具多功能的家具，像是沙發兼作邊几，臥榻結合收納，又或者是在小坪數居家裡最常見的架高地板設計，可讓架高地坪結合臥榻取代傳統沙發，不僅節省空間，也增添使用彈性，而且地面架高同時也能用來做爲隱性空間區隔。整體來說，選用有多工設計的家具，卽便可能因爲空間而限制了家具數量，但依然可以滿足居住者使用需求。

小坪數的家具選擇，除了要做對配置，若選用了不適合的款式，多少也會阻礙動線，並讓空間產生壓迫感，因此建議減少厚重家具類型，像是高腳沙發相對落地沙發，視覺上看起來更輕盈，高椅背沙發會比低椅背沙發更容易讓人有壓迫感。除此之外，材質的選擇也很重要，多選用穿透感材質（如藤編、壓克力），也有助於降低空間壓迫性。

▪ 摒棄傳統客廳家具配置，以架高地板與臥榻設計，地面兼具隨性座位，臥榻內部還有收納與貓道功能。空間設計暨圖片提供｜日居室內設計

Chapter 2　小宅裝修，這樣做

## Q5  不管怎麼格，就是會一直出現走道，問題出在哪裡？

如果「不管怎麼格就是會一直出現走道」，通常代表對空間串接邏輯與動線效率的理解還不夠深入。走道本身不是問題，問題在於它是否「被迫存在」，而非設計下的必要結果。走道會一直出現，大致可歸納出以下幾個原因：

1. 空間被切得太碎，導致彼此之間需要依靠走道連接。
2. 格局配置以「單一區塊擺設」為出發，而非整體動線的整合。
3. 缺乏「機能整合」思維，沒讓走道同時兼具收納、展示、過渡等功能。

解法是從「生活路徑」出發，想像人在家裡一天的動線，盡量讓空間之間互相滲透、共享，不做過度分隔。舉例來說，若將收納櫃體或展示牆設計在行進路徑上，走道便不再只是走道，而是有目的的活動區域，另外，透過一家人的生活型態將空間機能進行整合，也能減少無意義走道的產生，常見有餐廚、書房與客廳做整合，甚至也有人會把餐廚、書房及客廳整合成全家人使用的公領域。好的設計，應該融入生活並發揮功能，出發點不應該是避免走道，而是要讓每一段動線都「值得被使用」。

▪ 規劃格局時可從一天的動線為思考，場域間不過度分隔，公共場域以開放或彈性開放隔間劃分，讓每段動線都具實用性。空間設計暨圖片提供｜日居室內設計

### Q6 想省空間，結果走道太窄只能走一個人，怎麼辦？

走道寬度有限時，與其一昧放大，不如「讓走道兼具機能」。建議將走道牆面整合收納機能，如嵌入式收納櫃、矮櫃或展示架，提升使用效率，例如將牆面設計為半高牆，再結合電視牆背面打造半高櫃，創造收納同時視覺上減少壓迫，讓空間看起來更開闊。

此外，收納櫃可依牆面深度量身訂製，盡可能不侵佔走道動線，也可透過鏡面或縱向材質拉高視覺，改善狹長感。若坪效極限無法讓兩人並行，則須取捨機能優先，讓走道成為「通行與使用」的複合使用，而非單純只是過渡地帶。

▪ 走道不單單只是過渡的地方，反而整合收納櫃體，櫃體深度根據現場尺度做訂製，避免壓縮既有走道寬度。空間設計暨圖片提供｜日居室內設計

### Q7 想用半牆隔出工作區，半牆做多高，才不會有壓迫感？

建議半牆高度控制在 1 米 1 至 1 米 3 之間，此高度能有效界定空間，又不會阻礙採光線與視線流動。坐著閱讀、辦公，視線仍能向外延展，不僅維持空間的通透感，也保有一定的隱私。若想更有私密性，牆體拉高至 1 米 5 以上，工作比較不受干擾。

此外，半牆下方可結合收納功能，像是內嵌層板或櫃體，進一步提升空間機能。在配置上，半牆兩側能適時保有通道，藉此打造回字動線，創造流暢的行走體驗。

▪ 半牆採用 1 米 1 至 1 米 3 的高度，能兼具空間界定和視線流通，兩側亦不做滿，形塑回字動線，保有流暢的行走體驗。空間設計暨圖片提供｜隱作設計

Chapter 2　小宅裝修，這樣做

## Q8　臥房空間超小，家具怎麼擺才不會連走的空間都沒有？

在臥室空間有限的情況下，設計思維應以功能壓縮與動線留白為主軸。建議先釐清臥室的核心機能，一般而言，小宅臥室僅需睡眠與收納功能，基本可配備床架、衣櫃，過多的家具像是化妝台、書桌可移至公領域合併使用。床具方面可採用掀床、摺疊床或臥榻結合收納的方式，善用床下空間收納大型雜物。在配置衣櫃和床具時，保留門口進來的通道，就能確保行走不受阻礙。

### 1. 衣櫃設置在床尾
最省空間的配置，衣櫃與床尾建議留 50 公分以上的距離，同時衣櫃採用拉門設計，避免開門打到床尾。

### 2. 衣櫃與床架平行
保留臥室入口的通道，沿著通道兩側配置衣櫃和床架，確保行走有餘裕，也兼顧睡寢和收納功能。

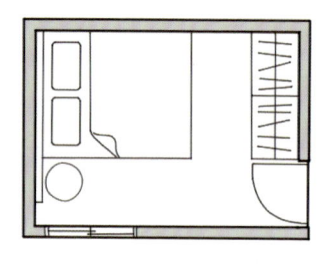

▪ 衣櫃設置在床尾。

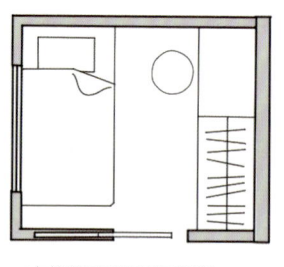

▪ 衣櫃與床架平行設置。

### 3. 衣櫃與床架並排
衣櫃在床頭一側並排設置，並正對臥室入口，就能保留走道。要注意的是，這種配置可能導致衣櫃面寬有限，建議選用掀床或臥榻設計，下方增設收納，提高儲物機能。

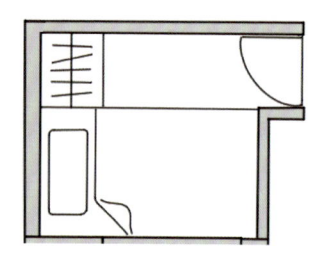

▪ 衣櫃與床架並排。

▪ 適當利用推拉門設計，讓臥室採光大量深入客廳，維持明亮開敞，也確保睡寢隱私。空間設計暨圖片提供｜隱作設計

### Q9 唯一的採光在臥室，導致客廳很暗沒採光，怎麼改善？

針對小宅僅有單面採光問題，可透過空間開放與視線穿透的策略改善客廳採光不足的困境。拆除臥室，改為全開放設計，擴大進光範圍，全室自然明亮開闊。臥室則可選擇拉簾、不到頂的櫃體或半牆設計，達到柔性分隔效果。

若對開放格局有顧慮，臥室也能維持隔間，同時改用推拉門或玻璃材質。白天拉門打開，臥室的自然光能深入客廳，提升整體明亮度。玻璃隔間選擇霧面玻璃或水紋玻璃，透光不透視的特性既保有隱私，也不阻斷光線流通。

### Q10 屋高比一般房子高，想隔一個夾層房間，可以嗎？

依照法規規範，不可擅自增建夾層，改造成房間使用，否則就屬於違建。若購買的成屋已有現成夾層，仍須請設計師、建築師或地方建管機關確認是否為合法夾層，有無做過產權登記，若無產權登記，則為非法夾層需拆除。

想善用挑高空間，目前法規用途只能用來作為儲藏室、櫥櫃或天花板使用，使用的空間高度需在 1 米 4 以內，且不能設置樓梯通往。

## Q11 坪數小又想多隔一房，可是空間變小還有壓迫感，有辦法解決嗎？

這是很多小坪數屋主最常見的困擾，想要隔間又怕會有壓迫感，首先會建議捨棄採用實體隔間牆的做法，接著再依據想要達到的空間效果，決定用哪種方式隔出一間房。

如果強調空間獨立性，建議採用玻璃隔間、拉門、摺疊門設計，這種做法可以獨立隔出一個空間，再藉由拉門、摺疊門的開闔，來決定空間的獨立與開放性，空間使用比較彈性，門片設計若加入玻璃材質，可讓空間感覺更通透。玻璃隔牆雖是實在的一道牆，但因為通透特性，視覺不受阻斷，能虛化隔牆存在感，減少因隔牆產生的壓迫感。

若不強調空間獨立，隱私要求也比較低的話，可考慮半牆設計，高度通常落在 120～140 公分，可再進一步根據個人對空間的壓迫感受與需求，來決定半牆要做多高，這類設計多半還會附加收納、電視牆設計，讓牆面一物多用。如果比較沒那麼在意壓迫感，隔間牆可以不用做到天花板，或是以收納高櫃取代隔間，重點是保留上方開口，讓空氣與光線流通，這種做法不論是隔牆還是收納高櫃，建議採用淺色系，多少可緩解高度帶來的壓迫。

▪ 半高牆設計可明確區隔出空間，但牆不封頂，因此不像隔間牆會讓人有壓迫、封閉感。空間設計暨圖片提供｜隱作設計

## Q12

### 只有 20 坪隔了三房，要買嗎？會不會連床都放不下？

不管是大坪數還是小坪數，一個房間所需的空間大小是相同的，因此要先了解一間房該有的合理坪數。以主臥來說含家具與走道，約要 3～4 坪，次臥與小孩房約 2～3 坪，隔完房間剩下的空間才會分配給廚房、餐廳和客廳，而以 20 坪隔出三房的格局來看，可能會有以下問題：

1. 每間房可能都很小。
2. 廚房、餐廳和客廳空間被壓縮。
3. 隔牆過多，可能造成光線與通風不良。

雖說 20 坪隔出三房，並不是不可能，但結果可能是私領域和公領域，兩者有一方空間會被壓縮到極限，雖說格局問題透過後續裝修可能有所改善，但更動格局算是大工程，易拉高裝修費用，最好盡量避免。

▪ 不管坪數大小，每個臥房都要有合理的坪數，用起來才會舒適好用，應避免為了多隔一房，而讓空間失去原本功能。
空間設計暨圖片提供｜日居室內設計

## Q13

### 設計師建議用玻璃隔間，但隔音效果好嗎？

小宅為了放大空間感，常見採用玻璃材質做為隔間牆材質，隔音效果普遍不算很好，若想加強隔音效果，需使用隔音效果較佳的玻璃，但種類不同費用高低不一，以下就幾種常用玻璃做比較，可依需求及預算選擇適合的玻璃種類。

| 類型 | 隔音效果 | 特色 |
| --- | --- | --- |
| 清玻璃 | 不佳 | 未經任何加工的透明玻璃，透光性良好，幾乎沒有隔音功能。 |
| 霧面玻璃／壓花玻璃 | 不佳 | 表面經過處理，透光不透視，適合需保留一定隱私的空間，隔音效果與清玻璃差不多。 |
| 強化玻璃（5～8mm） | 尚可 | 強度和安全性較高，不易破碎，只能稍微減少聲音傳遞。 |
| 膠合玻璃 | 較佳 | 在多層玻璃中間夾膠層，具防爆功能，隔音較好，但費用偏高。 |

Chapter 2　小宅裝修，這樣做

## Q14

### 想做開放式廚房，但小宅適合嗎？

小宅因為空間小，因此常見會採用開放式格局設計，這是為了要減少隔牆讓空間可以變得更開闊寬敞，但每個家庭生活模式與習慣不同，不見得適合所有人。首先應該先確定平時的烹飪習慣，若是家中成員簡單，飲食習慣偏向簡單輕食，比較適合開放式廚房，不只不用擔心油煙問題，建議還可以整合餐廳來加強放大效果，增進空間交流互動。

若平常習慣大火快炒，雖可裝設強力抽油煙機，但開放式空間不免還是容易讓油煙四溢，而且家中若有年齡較小的小孩或寵物，也容易進出廚房空間造成危險，因此比較不適合開放式設計，若仍想讓空間感覺開闊些，可採半開放式設計，也就是多加一道門片來讓廚房可彈性使用，門片建議採用清透的玻璃材質，那麼即便關上門，空間也不會感到封閉。

另外，不擅長收納整理的人，也不建議採用開放式設計，因為凌亂的廚房，會影響到其它空間，但若為了收納做過多收納櫃，又可能因此失去開放式設計的開放感，最好是事前做好收納規劃，同時要勤於整理，再考慮做開放式廚房。

▪ 應依據一個家的生活模式與習慣決定是否做開放式廚房，為了讓空間變寬敞，勉強採開放式設計，可能因空間不合乎使用習慣，住起來反而不舒適。空間設計暨圖片提供｜岩研域寓

## Q15 夾層怎麼做才不會很有壓迫感？

小空間經常看到夾層設計，在符合法規前提下，雖說多做夾層增加了空間，但如果沒做好，反而會讓人感覺很壓迫，因此在決定是否做夾層前，要先檢視自身空間條件。

要做夾層一般屋高至少要有 3.6 米，不過會建議屋高最好有 4.2 米，再來考慮做夾層，因為夾層高度要有 1.9 公尺，下層則要 2.1 公尺，如此一來，上下兩層使用起來才不會感覺很侷促。

另外，夾層不建議做滿，要保留一定的空間，以免過感覺太擁擠和有壓迫感，而且現有法規也有規定，夾層面積不得超過該層樓地板面積的 1/3 或 100 平方公尺，因此要特別注意，小心不要變違建。

就設計面來看，盡量不要採用封閉式設計，通往夾層的樓梯造型不要太複雜，可採用鏤空踏板、格柵等設計，來增加輕盈感。選擇材質要避開使用厚重的實木或水泥，應選用通透的玻璃，或是金屬、鋼構這類薄仍有足夠承重的材質。

另外，多使用淺色系建材或者使用淺色塗料，因為淺色能製造視覺輕盈效果，同時還能反射光線，讓空間變得明亮，不會讓人感覺太厚重。

▪ 空間如果偏小，建議可大量採用淺色調，來避免陰暗、狹隘印象，提高使用的舒適感受。空間設計暨圖片提供｜構設計

## Q16

浴室空間太小，怎麼做才不會感覺陰暗狹小，又卡卡的不順暢？

在空間錙銖必較的小宅裡，空間最容易被壓縮的便是衛浴，雖然會留下可塞進基本配備的空間，但要用起來流暢不會感覺到擁擠，就要做好動線規劃。

小空間衛浴比較順暢又不浪費空間的格局安排是：門口→洗手台→馬桶→淋浴，先將格局決定好，再來規劃動線，一般主動線應留有約70～90公分寬，確保進出順暢，淋浴區則最少要有80×80公分，如此才能轉身、彎腰不會頂到牆，馬桶前方要預留至少60公分寬，才不會在坐下時膝蓋頂到牆。

小宅衛浴最常遇到沒有開窗的格局，而少了採光空間感覺會比較潮濕陰暗，想改變陰暗又窄小的印象，就要用對建材。避免使用磚縫多的小尺寸磁磚，建議採用尺寸較大的磁磚，或近年流行的微水泥塗料，盡量維持天花與壁面完整，讓空間可以延展製造開闊感。材質選用上，可使用淺色調、玻璃與鏡面材質，淺色調最能製造明亮與輕盈感，能有效淡化陰暗印象，清透的玻璃與鏡面材質，則能藉由其清透與反射特性來讓視線延伸，藉此便能製造出空間放大效果。

### Q17 兩間臥房的門同時打開會一直打到，問題出在哪裡？要怎麼解決？

兩間臥房的門打開會互相撞到，是小坪數空間比較可能發生的問題，大致可歸納出以下兩個原因：

1. 開門方向設計不良

未預留房門迴旋空間，導致兩扇門的開啓範圍重疊。

2. 走道寬度不足

小空間居家有時為了省空間，縮減走道寬度，但寬度小於 90 公分，就可能發生兩間臥房門片打開互相打到的問題。

建議可採用花費較少也比較簡單的方法，首先是將其中一扇門改成橫拉門，如此一來，不佔開門半徑，就不會有門片打到的問題。另一個方式，是改變其中一個門片開門方向，也就是一個向外開，另一房門則向內開，不過向內開要記得預留開門迴旋空間，以免向內開又打到收納櫃或家具。

### Q18 只有單面採光，怎麼做才能讓空間可以明亮一些？

只有單面採光的小宅，由於自然光來源有限，想讓空間可以更明亮，大致可從引導光線進入屋內，與擴散有限光源來著手。想引導光線至深處，要避免有太多隔牆，若有隔間需求，可利用玻璃、半牆設計來讓光線可以不受阻礙進入屋內。要讓光線加倍擴散，天花、牆面盡量選用白色、米色這類能反射光源的漆色，地板如果是採用木地板，則要選擇淺木色。另外，鏡面可以有效反射光源，因此適度運用可讓光線折射到更多角落，達到擴散光線、提亮空間目的。

▪ 採用大量的白與淺灰，來讓難得的光線可以藉由反射效果，加強空間明亮感。空間設計暨圖片提供｜日常計劃空間設計

Chapter 2　小宅裝修，這樣做

Point 2　顏色用對了，讓家瞬間變大

# 不只美化空間，
# 還能變得明亮又寬敞

色彩運用在居家空間，除了可以美化空間，還能進一步影響人的情緒，讓人產生愉悅、舒適等感受。而對小坪數空間來說，雖然格局變動可以放大空間尺度，但所需的裝修費用也會拉高，甚至可能因此預算爆表，想要有放大效果，最簡單的方式，就是運用色彩來達成延展放大空間目的。

空間設計暨圖片提供｜日常計劃空間設計

小坪數居家在挑選空間漆色時，首要目的通常是要放大空間感，因此大多數屋主會選擇採用能讓空間放大的白色、淺色調，但不要以為只要刷上淺色或白色就可以，空間或許會因此放大，卻很容易看起來單調，或者是讓人感覺冰冷，缺少家的溫度，要如何兼顧空間變得寬敞，又要有居家該有的舒適溫馨感，一開始挑對顏色很重要。

## 不只放大空間，還要有家的感覺

　　想用淺色調來製造延展放大空間效果，建議先從想打造的空間氛圍，及居家採光條件來思考。偏好俐落有朝氣的空間，可以選用反射效果最好的白色、米色，除了能讓空間感覺變大還能強調明亮感，若不喜歡淺色系的簡約，帶有粉調的淺粉、淺藍色，能讓空間多點柔和、清新感，想有沉穩氛圍，又不想用深色，可試試加入灰調的中性色系。對採光條件好的空間來說，顏色的選擇比較沒有禁忌，採用淺色系則會讓放大效果更加倍，若採光條件不好，建議選用具光澤感的淺色調，可加強光線折射，製造拉闊空間效果，也能補足採光不足問題。

　　白色是小宅空間最多人會用的顏色，白色看似簡單純粹，用錯了反而會給人

▪ 白色和淺色系放大效果最好，與之搭配的其它材質，也應以空間色調來搭配，彼此相輔相成，便可消弭小宅陰暗、狹隘的空間印象。空間設計暨圖片提供│構設計

感覺冰冷，沒有家的溫馨感，但是那麼多不同的白，怎麼挑才不會出錯？首先，白色也有分暖調與冷調，一般居家大多想要的是柔和、舒適感，其中帶米色調且偏暖的北歐白、百合白就很適合，即便全室大面積使用也不會感覺刺眼、冰冷，不想要空間過白，建議採用近年流行的霧鄉、鄉居色，兩者皆是白中帶灰，屬於偏暗的白色，可適度調降明度，讓整個空間沒那麼亮白，擔心全室使用過於暗沉，可挑一面主牆做跳色。

## 小宅用深色，著重搭配技巧

深色可以營造出獨特且有質感的氛圍，但在小坪數空間，卻容易壓縮空間讓人感覺壓迫，如果採光不足，缺少自然光線，更會讓空間顯得陰暗且狹窄，由此

▪ 使用深色木皮來圍塑復古氛圍，但適當加入淺色調，不只豐富層次，也能讓小空間變明亮。空間設計暨圖片提供｜構設計

看來，小坪數是不是不能用深色？其實並不盡然，只要使用範圍拿捏好，再透過一些搭配技巧，一樣能用深色來妝點居家空間。

1. 局部使用

若擔心深色影響整體空間感，可以在客廳主牆、床頭背牆等地方局部使用就好，其他如天花、牆面搭配使用淺色，既能讓深色成為視覺焦點，增加空間層次，還能避免空間被壓縮變小。若只用在局部感覺還不夠多，那麼可以選擇小區域使用，如：廚房、餐廳、書房等，不影響整體空間感，也可以圍塑場域界定，巧妙成為空間重心。

2. 考量採光

使用深色時如果採光不好，可能會讓空間變得更陰暗、狹小，而常見小宅格局多是單面採光或沒有大面窗，容易有採光不足問題，在這樣的空間條件下，想用深色，為了避免空間被壓縮而感到狹隘，建議不要大面積使用，拘限在小範圍使用，或以家具家飾少量點綴。

3. 搭配反光材質

鏡面、玻璃、不鏽鋼等材質因為具有反射特性，因此很常被用來加強明亮、延伸放大效果，在深色的小空間裡，加入這些材質，可透過視覺延伸淡化狹隘感受，製造空間放大效果。除此之外，在空間裡運用多元材質搭配，也能豐富視覺層次。

## 遵循搭配原則，小宅用色不出錯

空間小，色彩的運用反而要特別注意，顏色過多容易讓空間感覺雜亂，而用色單一，又容易顯得平淡無聊，那麼該怎麼用色？以下幾個重點做參考。

1. 用色不要超過三個顏色

　　小宅配色建議以簡潔、和諧為原則，尤其牆面漆色盡量不要超過 3 種，因為一個空間顏色過多，容易造成畫面破碎雜亂，讓人情緒無法安穩而失去居家該有的放鬆、舒適感。除此之外，搭配使用的建材，也要盡量一致，避免使用太多不同材質，讓空間感覺紊亂失去重心。

2. 善用同色系或相近色

　　小空間最常用淺色系來放大空間，但全室只用一個顏色就會太無趣，此時可搭配同色系或相近色，例如米色配淺棕、白色，或是灰色和藍色等，來營造視覺上的和諧感，同時也能讓空間層次更豐富。

3. 加入材質和紋理做變化

　　小空間不論在用色還是材質選用，建議應該盡量精簡，以免過多元素，造成視覺雜亂，但有時太過簡約會淪為單調、無趣。在材質統一前提下，想要畫面更豐富，可加入材質紋理來做變化，例如同樣是塗料，油漆、藝術漆或樂土，用在牆面表面質感也會不同，木素材依據不同木種、木色、表面紋理各有差異，能呈現不同效果與風格，由此可知，不需要太多種材質，透過材質紋理便能達到視覺的簡約與豐富的層次變化。

▪ 小空間不論在用色還是材質選用，應盡量簡化，避免讓畫面變得零碎雜亂，而讓空間產生狹小、壓迫感。空間設計暨圖片提供｜日常計劃空間設計

## Q1 建材的顏色有需要特別選用淺一點的顏色嗎？

如果排除個人對顏色的好惡，單純針對小宅空間的建材用色來說，確實淺色優於深色，畢竟淺色較柔和可減緩小空間的緊迫感，因此而讓空間有放大效果，至於深色雖然在色彩學上屬於退後色，但卻容易讓人覺得有冷漠壓迫感，導致較無法放鬆。但是，這只是粗略的判斷，還要考慮不同建材的搭配，以及空間風格與面積大小，例如面積很大的地板、天花與壁面，就可以選擇較淺的色調，讓光線有大面積反射而產生明亮與放大效果。但如果在壁面穿插腰帶裝飾則需要與底色有一定色差才能有裝飾效果，所以腰帶的建材顏色就不能過淺，甚至可藉由下方的半腰牆與上半部淺白牆色的反差設計，讓空間上半部有拉高、放寬的錯覺。

此外，在公共區與私密空間的用色也會有些不同，一般住宅多半採明廳暗房的原則來設計，除非特別要求，不然一般臥房應該要有讓人情緒可以沉澱下來，得以安眠入睡的氛圍，所以臥室空間雖小，但不一定要選太明亮的顏色，可以採用較中性的色調，例如杏色、奶茶色或是藍色可營造出安靜、具包覆感的睡眠環境。

▪ 工作餐桌區運用黃、白色搭配，使牆面營造出反差感與腰帶裝飾效果，也讓小空間有放寬與拉高錯覺。空間設計暨圖片提供｜知域設計

Chapter 2　小宅裝修，這樣做

## Q2 小坪數用深色會不會讓空間變暗，還變小變窄？

即使喜愛深色風格，也需掌握「比例平衡」與「光線引導」。一般會建議深色運用需搭配適度留白，避免整體沉重，例如天花板與主牆維持白色，有助自然光反射，避免光線被吸收，家具部分可選用有穿透感的材質，如：壓克力、藤編、玻璃等，讓視線與光線可穿透流動。

若使用深色木地板或櫃體，則牆面、窗簾或家飾建議挑選明亮色系，維持整體明暗對比與空間呼吸感。若空間裡採用較多深色木皮，但仍可結合長虹玻璃、藤編等異材質點綴，避免單調，並以立面變化創造豐富層次感。總而言之，深色非禁忌，但需「減量、留白、巧搭配」。

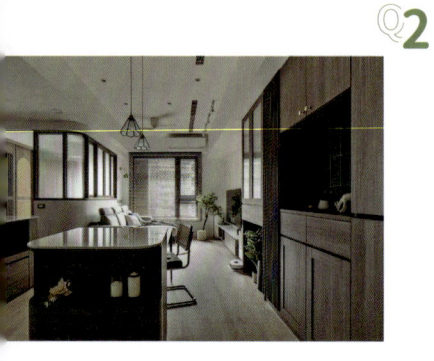

▪ 雖是深色木皮為主的空間，但天花和主牆皆維持白色，搭配玻璃和具透氣的藤編門片，既有變化又不會太沉重壓迫。空間設計暨圖片提供｜日居室內設計

## Q3 聽說白色有放大效果，但不想空間一片白，有什麼其它淺色的選擇？

若偏好白色，又不希望整體太單調，建議可採「偏暖或偏灰的白」作為主牆基底，再搭配同色系的變化色，在自然光與燈光折射下會有豐富的層次變化，也更具生活感。

另一種做法是搭配局部色彩點綴，例如在沙發、窗簾、局部牆面上使用柔和的配色，保有視覺焦點卻不搶主角。燈光設計亦是關鍵，透過色溫與角度可進一步營造空間氛圍。整體原則是「以白為主、以光為綴、以暖為輔」，讓空間有溫度又不單調。

▪ 運用偏暖調的白色，牆面以協調色掛畫搭配，加上軟裝色溫的結合之下，讓白色空間溫暖又不單調。空間設計暨圖片提供｜日居室內設計

### Q4 空間以白色為主,家具顏色怎麼挑?顏色太強烈會不會很突兀?

以白色為基底的空間具備高包容性,但家具顏色的選擇仍需考量整體氛圍與視覺節奏。如果希望空間清爽柔和,建議選擇低彩度的自然色系,例如米色、灰棕、淺木色或霧面藍綠等,這些色調與白牆有良好的融合感,不會突兀又能拉出層次。

如果偏好強烈色彩,並非不能使用,但建議用在單一重點家具上,例如單椅、沙發、地毯等軟裝,成為空間視覺焦點,其餘家具則選中性色穩定畫面。此種「一主多輔」的配色法可避免空間混亂,同時可透過木質、金屬、布面等材質,增加空間溫度與對比,讓白色空間更有層次感,而非「冷白無味」。

▪ 以白色為基底的空間,大面積窗簾選擇紅棕色,抱枕織品則以不同綠為層次,加上對比色藍色、協調色黃色的點綴,顏色看似豐富卻不凌亂。空間設計暨圖片提供|日居室內設計

### Q5 喜歡鮮豔多彩的配色,家裡只有十幾坪,適合嗎?

推薦運用最簡單的「631 配色法」,也就是 60% 主色(如白、米、淺灰)、30% 搭配色(如淺綠、奶茶)、10% 點綴色(如桃紅、紫、亮黃)。主色保持空間整體感,搭配色拉出層次,點綴色則用於視覺焦點,如主牆、沙發或擺飾。即使喜歡鮮豔色,只要分配得宜,仍可讓空間豐富但不凌亂。可優先將色彩集中於特定區域,避免零碎、四散;配合材質與燈光,也能減少突兀感,這樣就算坪數小,也能營造出繽紛卻有秩序的空間氛圍。

▪ 白色為主的空間建議搭配低彩度家具,既可融合又能帶出層次感。空間設計暨圖片提供|日居室內設計

## Q6 天花板顏色和牆面不一樣會有影響嗎？顏色怎麼挑？

屋主對於非白的壁面色彩接受度逐漸提升，但是天花板則多半仍停留在白色為主，頂多配合建材變化，多了木質、水泥色或金屬等選擇，其實天花板色彩變化可說是不說的設計密技之一，不少設計師會悄悄地將天花板色彩作微調，運用天花板與牆面色差營造出更立體的空間感。

尤其在小空間中天花板的變化效果會更明顯，像是針對夾層空間，就可以選擇用比牆面較淺的天花板色調，藉此可讓屋高有拉升的效果，而且色彩反差越大、成效越顯著。另外，如果室內採光較差，也可以透過白色或是具反光效果的鏡面、玻璃等建材來包覆天花板，也能讓空間更顯明亮。

若是在私密空間希望營造更沉靜、安定感的環境，可考慮較深色的天花板，例如深灰色或莫蘭迪色調搭配暖黃光來沉澱氛圍。至於開放格局的公共區也能利用天花板做跳色設計，在沒有隔間牆下就能輕鬆區隔出客廳與餐廳，餐廳天花板可採選用暖色系，或者透過美納德色調來打造好食慾的空間感。

▪ 全室淺色調既能緩減空間壓迫感，同時灰調牆面與白色天花板的色差，能順利創造屋高拉升效果。空間設計暨圖片提供｜知域設計

### Q7 想讓空間有放大效果，用單一顏色真的是最好選擇嗎？

單色能讓空間大小忠實呈現，是一種安全的用色選擇，但其實小宅還可以利用色彩變化來創造更多設計與層次，這樣反而能讓畫面的視覺變得更豐富。以四面牆來看，若以三面淺色牆面，搭配一面冷色調的後退色，如灰藍或墨綠色，這種高反差配色反而能強化這面冷色牆的後退效果，進而讓空間有變大的錯覺。不過，小宅牆面原則上不要超過 2～3 種主色，以免過多色彩而有混亂、壓力感，反而可能讓空間變小。至於配色手法，最常見就是上下分割配色，呈現有如半腰牆的空間效果，建議上淺下深的色彩配置，較不會有頭重腳輕的感覺。

若擔心單一顏色的空間太無聊，可以試試漸層色的配色法，先選一種自己喜歡的顏色，再分層疊加白色成分讓彩度越來越低、明度越來越高後，這樣就可得到和諧、又不會有切割感的牆色，還能讓空間有漸遠的放大視覺效果。如果還是想要多種顏色，最不容易出錯的配色方法是相鄰色，這樣的用色可以讓空間感覺有協調感，例如鵝黃與粉綠、瑰紅與粉紫等；當然，也可以選一種主牆色搭配其它顏色的圖騰裝飾，這種手法也很適合小空間或房間，如天藍色牆搭配繽紛的山形圖就頗受歡迎。

▪ 小空間牆色原則應盡量簡單，除了木櫃桌面，牆面與隔間簾都選同一色系，天花板採用淺白色也讓空間有拉升感。空間設計暨圖片提供｜吾他川設計

## Q8 採光挑件不是很好,選淺色能讓空間變明亮嗎?

小宅常見有採光較不好的格局,這時只能用裝修來改善,其中色彩是輔助改善採光的重要設計手法之一。除了可在大面積的牆面、天花板等處,選用淺色調的設計讓空間變得較為明亮外,其實,還有一個關鍵就是建材本身的反光度。

以牆面為例,同樣顏色、不同建材,或不同表面處理的牆面,就會因為反光度不同,使空間明亮度有明顯差異。像是在同一面牆面漆上了白漆,跟在牆面鋪上玻璃並且做白色烤漆處理後,在空間中就會產生不同的明亮感。

即使同樣都是選用漆料塗刷牆面,挑選會吸光的水泥漆,或採用具光澤感的乳膠漆,在塗刷後也會產生不同光感效果,現在乳膠漆甚至還可分為平光與亮光不同選擇,近來有些屋主會選擇礦物漆,這些都會影響牆面反光效果,所以如果想運用色彩改善採光不佳的空間,除了選擇淺色系外,表面材質與處理手法也很關鍵。

▪ 小宅除了多運用淺白色調做為牆色,同時可利用鏡面與燈光來提高空間明亮度,讓狹窄空間更寬適紓壓。空間設計暨圖片提供｜吾他川設計

**Q9　全部淺色感覺太單調，想局部搭配不同顏色，怎麼配比較好看？**

空間以淺色為主雖然明亮，但若欠缺變化，容易讓人覺得過於平淡或缺乏個性。此時，與其增加彩度，不如先從「材質」與「色溫」下手。舉例來說，搭配同為淺色系但材質不同的元素，如：霧面烤漆、布面織品、藤編門片、微水泥牆面等，在視覺上營造細緻層次變化，色調方面也可嘗試將冷白轉為「暖白」或「米灰」，再局部加入淺木色、亞麻色、霧灰藍等舒緩色系，使整體更有溫度。

此外，若想再增加一些亮點，可選擇「質感色」，如黃銅、墨綠、焦糖、灰藍等作為單椅、吊燈或掛畫的局部強調，創造視覺焦點而不跳 Tone。重點不是強調對比，而是讓視線在空間中有流動感，逐層探索。這種「低調但有感」的配色方式，更適合長時間使用、不易視覺疲乏的小坪數空間。

▪ 淺色空間利用協調的色調作出變化，加上白色紋理吊燈、淺木紋板材、淺灰石材質感的側邊廚房中島材質，讓空間簡單卻富有層次變化。空間設計暨圖片提供｜日居室內設計

## Q10 牆面想貼壁紙，選的顏色和圖案，對空間大小感受有影響嗎？

壁紙與塗料一樣都是很常見的壁面裝飾材質，不只花色更多元、也有不同表面質感、更多圖案可以選擇，能輕易創造出不同的空間情境，像是許多屋主喜歡清水模牆面，金屬板、紅磚牆或花鳥意境等，都可運用壁紙來達成畫面效果，這也是壁紙歷久而不衰的原因。理論上想達成放大空間效果，確實是可採用淺色壁紙，不過許多屋主覺得在店家挑選壁紙時覺得很好看，但回家貼了效果卻有落差，要注意的是小宅因為牆壁面積小，會讓圖騰變大、鮮艷色彩也會更強化，加上光線差異，這些都要一併考慮，選購原則是圖案不要太大、太複雜會好一些，例如簡單的幾何圖騰就是不錯選擇。若想要讓空間變寬，可以挑橫向圖案，如橫向條紋就是不錯選擇，或白磚牆圖案也是不少小宅主牆的好選擇，營造不同質感牆面同時也有放寬感。反之希望空間能有拉高的效果，可以選擇直向圖案，除了直條紋外，如樹木、竹林、木格柵等圖案都是好選擇，當然還要將風格是否合適等條件一併考量進去。

## Q11 很喜歡木素材，只有十幾坪的空間，木素材顏色要特別挑過嗎？

在選用木素材之前，顏色應仔細挑選，因為木色對空間感、氛圍影響很大，如果選錯了，可能讓空間變得陰暗或產生壓迫感。小坪數適合的是淺木色，像是白橡木、淺胡桃等木種，深木色如：黑胡桃、紅木，建議局部點綴，不要大面積使用。另外，使用木素材種類最好不要超過3種，以免視覺雜亂。

▪ 淺木色反射光線效果好，可幫助擴散空間光源，製造空間放大、明亮目的。空間設計暨圖片提供｜十幸制作

▪ 小空間常見利用鏡面材質的反射特性，來達到延伸放大空間目的，但要注意挑選鏡面顏色，使用也要適量，才不會顯得太突兀與空間不搭。空間設計暨圖片提供｜向度設計

## Q12

**想用鏡面材質放大空間，但想和空間色調搭配，怎麼選才好？**

鏡面是小宅放大空間常見的手法之一，但鏡面不是只有一種顏色，經常用在居家空間的有明鏡、茶鏡和墨鏡，明鏡乾淨且清亮，茶鏡帶有茶色調，反射效果柔和，可營造溫馨、柔和氛圍，墨鏡則是以黑色玻璃為底，因此呈現黑色。

以放大效果來看，明鏡效果最好，但也會完整反射出空間狀態，若空間元素複雜，透過反射複雜度會被放大，反而會讓人感到壓迫，因此適用在設計簡約的空間。

茶鏡帶有茶色調，雖然反射效果較明鏡差，但能自然融入空間而不會看起來突兀，且從茶鏡反射的光線柔和且不會過於刺眼。若喜歡茶鏡帶來的空間氛圍，灰鏡也是可以考慮採用的選項，灰鏡效果與茶鏡相似，但灰色調營造出的是更簡潔現代的空間感。至於墨鏡反射效果最差，風格過於強烈，除非有特殊喜好，否則比較不適合用在居家空間。

除了根據空間氛圍來挑選以外，若想更融入整體空間色調，可以在確定好與之搭配的牆面、地板、家具或櫃體顏色後，再挑選接近的鏡面顏色，如此一來鏡子才能像是自然延伸的一部份，不會讓人感覺過於突兀與刻意。

Chapter 2　小宅裝修，這樣做

## Q13 想用深色櫃子，但家裡只有十幾坪，空間會不會因此變小有壓迫感？

想在小空間使用深色櫃子，大致要注意幾個事項，首先空間裡採光條件不能太差，避免深色讓空間變得更昏暗，另外以淺色做搭配，也就是規劃深色櫃的區域，地板或牆面最好是淺色系，若是上下櫃，則建議下櫃為深色，上櫃為淺色，盡量避免櫃體周圍顏色都是深色，造成空間壓迫感。另外，建議盡量集中規劃，減少搭配難度，也可以藉此做為空間視覺重心。

## Q14 小宅家具顏色怎麼搭比較好？

小宅的空間除了牆色會影響空間，其實家具的顏色搭配也要注意，為了避免顏色太多或對比太強烈讓空間顯得更擁擠，建議大型家具，如沙發、餐桌等，色系應該要和牆面、地板相呼應，最好選擇白、米、淺灰等淺色系或中性色調，讓家具可以自然融入空間。

想讓空間更活潑與增加層次感，抱枕、裝飾品等小物，可採用深色或亮色來點綴，既能製造視覺亮點，也可避免顏色太過一致，而讓空間變得單調無趣。

▪ 大型家具選用與空間色調接近的色系，但家飾小物則可大膽跳色，不只能豐富空間層次，也能活絡空間氛圍。空間設計暨圖片提供｜溫溫空間設計

### Q15 很喜歡黑色，但空間不大，可以用黑色嗎？

黑色可創造出獨特具個性的空間，但在小宅裡使用，由於空間不大，因此要小心運用，避免空間變得狹小或陰暗。使用黑色時，會建議要搭配淺色或鮮明的色彩，以增加空間層次感與明亮度；具有反射特性的鏡面也很適合放進黑色為主的空間，可利用材質特性來反射光線與放大空間。除此之外，可運用木質、皮革等材質，與亮面、霧面等不同質感的黑，來讓可能淪為單調的黑色空間，有豐富的空間層次變化。

### Q16 小宅主臥、次臥空間都超小，牆面適合漆什麼顏色？

臥房應是讓人可以沉澱情緒、安穩入睡的空間，所以配色應該簡單，避免使用過多顏色，讓空間變得雜亂而無法感到放鬆；色調選擇應以可以放大空間的淺色系為主，像是米色、淺灰色、淺綠色等顏色都很適合，想有更柔和的睡寢氛圍，可採用低飽和度的色彩，如：灰綠、灰藍等顏色。至於深色會讓空間顯得壓迫、陰暗，明度過高、偏冷調的白色，則會讓空間變得冰冷，比較不適合運用在需要舒適、沒有壓力的臥房。

▪ 小宅臥房空間通常不大，建議採用淺色來化解小空間壓迫感，可選用暖調的白色或米色，既有放大效果，也能營造睡寢空間療癒、紓壓氛圍。空間設計暨圖片提供｜岩研域寓

Chapter 2　小宅裝修，這樣做

Point 3　空間小，一樣很好收

# 無痛收納不是夢，寸土不讓是重點

根據非正式統計，如果問 10 位小宅主人，大概有 11 位屋主要求家裡的收納櫥櫃要多做一點，多出來的那位就是屋主的爸媽，由此可見大家對收納的執念。畢竟收納不夠很容易讓家裡變得雜亂，如此一來再美的裝修都是枉然。但問題是小宅空間有限給人住都不夠，怎麼擠出更多地方來做收納？真的能讓收納無中生有？小宅收納怎麼做才更聰明好用？

空間設計暨圖片提供｜吾他川設計

雖說空間規劃是以每位屋主需求、習慣，及房子基地條件來調整，不過，還是有些設計原則與常用手法，以下歸納出小宅收納的二心法與五大技法，讓小宅主人也可以檢視自家狀況來靈活應用。

### 認清環境現實，買一丟一保清淨

別再不切實際地奢望家裡有讓朋友來參觀時就尖叫的更衣間，也不要堅持做一整排的展示牆或儲藏室，要做好收納的第一件事是做好心理建設，先理解自己的房子就是小又窄，扣除必要的沙發、餐書桌、廚房、衛浴間與動線外，還剩下多少空間能做櫥櫃呢？

所以要控制購買慾，避免買太多根本用不著的物品、衣服或包包；如果做不到清心寡慾、不買東西，覺得人生不購物了無生趣，那麼就換個角度，在想買新的東西前，先思考家裡的物品甚麼是可以被取代的，例如：買了一件新衣後就淘汰一件舊衣吧！這種買一丟一的購物心法，可以讓你的家住十年都不亂，確保環境清爽，是小宅主人必要的自我修練。

### 入住前應先理出收納清單

不少屋主會認為收納這種小事，且較有隱私性，不需要多跟設計師說明，頂多就是裝修前跟設計師說好哪邊要做櫥櫃就好了。其實不然，這可是小宅收納成功的關鍵。

現在很多設計公司開始討論空間規劃前，會先給屋主填寫收納清單，並希望屋主列得越詳細越好，例如：全家有幾雙鞋？包括鞋子尺寸，有幾件衣服？西裝、外套比較多，還是較常穿洋裝、T恤？這會影響吊櫃、抽屜的增減與組合配置。

另外，若有收藏公仔、藝術品也要詳列數量、尺寸……這些收納需求應在入住前先釐清，讓設計師充分了解，這樣才能想辦法將你的需求規劃進新家，確保有夠用且好用的收納空間

## 斷捨離要成功，請從小區域做起

在物資充足的現代社會，越來越多人理解必須斷捨離才能享受清爽的人生與空間。但有很多屋主不知道怎麼做才能成功斷捨離，以下幾個重點提供參考。

### 1. 將物品定義用途、做好分類

東西想要好收、易找，最重要就是要為每件東西做好定義並分類，這樣未來取放物品才有脈絡可循，收納工作自然會容易許多。

### 2. 依使用頻率安排擺放位置

同一類東西放一起後，依據使用頻率決定收放位置，像鍋碗瓢盆收放時常用的放外層，避免每次拿一只鍋就要翻箱倒櫃。

### 3. 斷捨離前先給觀察期

甚麼該丟、甚麼該留，總是讓你天人交戰嗎？許多物品沒壞、看起來很新，但久未使用很占空間。建議給這些「無用物品」一個觀察期，將它們裝進紙箱，當 1～2 年都沒再穿用的話，就可送人或丟掉了。

### 4. 從小區域整理較易成功

斷捨離不適合全面開戰，很容易把所有櫃子翻開後，弄到家裡很亂卻無從收起，最後常常是又全部丟回櫃子。建議找個周末就從一張化妝桌、一座餐櫃開始，小區域收納較不累、也較易成功。

## 空間坪數不減、東西還能收更多

　　坪數有限的小宅，如何在不減少空間的前提下收納更多東西，可謂必學收納技法，實際上如何達成呢？設計的眉角就在向上與向下發展。

### ・地榻或臥榻

　　正常房子屋高約 3 米，甚至有些達 3.2 米，這樣的格局很適合利用地板墊高的方式來做地榻，這種做法小宅中很常用。可在和室、書房或客廳規劃收納座榻或臥榻，就能在不影響地板坪數的狀況下爭取不少收納空間。如果屋高較高如 3.6 米，甚至可將全屋地板做墊高設計，但是要注意地榻開啟方式，除非是臥榻且側邊可用拉門，或是有足夠伸縮空間可做成抽屜，不然建議用上掀設計較省空間。

### ・櫃上疊櫃

　　向上也能爭取一些收納空間，畢竟即使是小宅也會有櫥櫃區，但一般系統櫃或木工櫃體有一定高度限制，如衣櫃最高落在 200～240 公分之間，但正常房屋高度一定更高，所以上方空間沒有利用就等於浪費了，而且還容易積灰塵。

▪ 有做地榻或臥榻設計，可架高高度規劃為收納空間，但要注意開啟方式，以便不利於收放，反而變成囤積物品形成空間浪費。空間設計暨圖片提供｜構設計

若想爭取更多收納空間，可以在系統櫃上增做疊櫃，但疊櫃相對拿取物品較不容易，所以可視為換季物品收納區，當然做到頂天的疊櫃，可能讓空間感變得更小，這些都需要事先考量與取捨。另外，疊櫃製作成本相對較高，可先請設計公司或系統櫃公司報價後再決定是否要做疊櫃。

· **天花板下拉櫃**

如果真的很需要收納櫃，可在不影響動線，也不會造成過大壓迫感的天花板區封板做吊櫃，同時搭配下拉式伸縮五金裝置，讓物品取放更輕鬆省力，可以用來收納換季的棉被衣物。

## 跟著生活動線作收納，好收又不亂

櫃子不能只求量大，而是要能好收、方便拿，這樣才會讓大家養成隨手做收納的好習慣，也避免家人用完東西隨手擺一邊，還要有人特別去整理。但如何做到好收放，最高原則就是櫥櫃要跟著生活動線配置，例如：玄關可配置鞋櫃跟包包置物平檯，衣物、毛巾備品櫃則跟著衛浴間或房間動線來配置，不過，重點還是要依據個人生活動線來設計才有用。

▪ 玄關鞋櫃為了增加收納量，特別在正常高度的系統櫃上方再加設疊櫃，靠近大門區則作縮小尺寸的縫隙櫃。空間設計暨圖片提供｜吾他川設計

當然，小宅可能不一定能做這麼完善的分類設計，常常只能在客餐廳旁做牆櫃，但即使櫃體集中也要明確分類，以好收拿為原則。建議善用分類的工具，像是小宅不想做門櫃讓空間顯得緊迫，可以做開放格子櫃，同時搭配收納籃來做分類。另外，小宅常會改用櫃體來取代隔間牆，將壁面空間變成櫃子，也能增加收納能量，此時就可將面對餐廳的牆櫃設定為餐櫃，面對房間的作為衣櫥，或是面向客廳設計為展示櫃，諸如此類的一座牆面多面向、不同功能設計也很適合小宅。

## 櫥櫃尺寸很重要，事先計畫更完美

小宅設計與一般房子最大不同就是尺寸更要錙銖必較，特別是櫥櫃尺寸，過大浪費空間、太小又不好收，所以，最基本的是要將須收納的物品尺寸先量好，交給設計師或裝潢師傅，當然數量也要做好粗估，這樣才能讓每吋空間都能做最好利用。

・**依據物品大小設計櫃子不浪費空間**

一般家庭成員可能有男有女、有大人有小孩，但小宅居住成員相對簡單，甚至可能只有一人居住，所以尺寸更好掌握，例如：通用的鞋櫃深度約 35～40 公

▪ 針對要收納的物品事前做好計劃，如此一來才能不浪費空間做櫥櫃，同時也才能落實收納，維持家的整潔不費力。空間設計暨圖片提供｜構設計

分,如果屋主是女生鞋子較小,鞋櫃深度或許可少個 5 公分,這樣可讓玄關動線放寬些,或利用 5 公分厚度藏一面穿衣鏡來增加玄關機能。衣櫥也一樣,可依據自己身形來伸縮寬度與高度,舉例如果女生外套比較短,吊掛衣櫃就能在上方或下方多加設層板,達到不浪費空間櫥櫃設計。

## ・相同尺寸放一起較省空間

收納想有效率就是避免產生過多空隙,如何做到就是盡可能將相同尺寸、形狀類似的物品擺在一起。像是書櫃或公仔櫃、化妝櫃……以書籍來說可分有不同開本的尺寸,混在一起浪費空間也雜亂,所以先依大小做分類,再收進書櫃會更省空間。另外,有些公仔大小不一或日後會調整位置,可選擇使用活動層板,再增設更多層板粒來因應,這樣就不怕未來櫥櫃不好用的問題。

## 畸零、靠邊站最適合小宅櫥櫃,實用又美型

既然無法避免要配置櫥櫃,那櫃子該放在哪個位置絕對是最重要的問題。比起中大宅可以隨心指定櫥櫃區,小宅則應該要做整體考量,在不影響動線、不遮掩採光的前提下,選定最適合安排櫥櫃的地點。

▪ 需要大量櫥櫃時可將牆面靠兩側規劃,再搭配局部牆面留白只做下櫃,或穿插層板吊櫃,可適度減緩空間壓迫感。空間設計暨圖片提供│吾他川設計

- **畸零角落**

　　隨著建築結構或格局規劃，小宅容易因突出的樑、柱或牆面而產生畸零角落或格局，這些角落千萬不要隨便放棄，可依據畸零區的大小、形狀來規劃合適的櫃體，玄關若有結構柱則可沿著柱體規劃鞋櫃，或房間樑柱下做衣櫃，這些都是常見利用樑柱畸零格局的收納設計。此外，如果因為建築形狀造成多邊形、斜向或圓弧格局的角落，可運用儲藏室概念，將牆面拉平做成櫥櫃或儲物間。

- **樓梯**

　　許多小宅因為有夾層而需要樓梯，樓梯本身雖然頗占空間，但又不能沒有，所以樓梯下的空間應用就很重要，除了有人設計作為衣櫥或儲藏間外，樓梯踏板也可以做成抽屜來收放小物。

- **縫隙櫃或薄櫃**

　　小宅每寸空間都很珍貴，所以縫隙櫃在小宅中的角色也很吃重，一般系統櫃都有一定規格，寬度與深度最小尺寸為 30 公分與 35 公分，但如果牆面還有剩餘空間就可安插縫隙櫃，或像化妝桌常見利用狹小空間規劃薄櫃來放香水、化妝品

▪ 沿著大門旁的樑柱下設計玄關鞋櫃，並延伸至餐廳設計餐櫃，拉齊延長的牆面具放大空間效果，搭配摺疊餐桌宴客也方便。空間設計暨圖片提供｜吾他川設計

▪ 選擇小尺寸圓餐桌可讓出更多牆面，使多面牆都能配置櫥櫃，再搭配與白牆同色的門片更有助降低櫥櫃存在感。空間設計暨圖片提供｜吾他川設計

等細長瓶類物品，也可吊掛絲巾或項鍊，這些狹窄或不規則的空間，都可善加利用來增加收納量。

## 功能家具，正是小宅收納好解方

為了提高小宅坪效，將同一空間賦予多元功能是必要的設計，客廳可作為書房，吧檯也可取代餐廳，餐桌當然還能做工作區，諸如此類都很常見。而類似的概念讓一物多用的作法在收納上自然也行得通。

### ・自帶櫥櫃的座椅

將沙發或座椅下方設計成收納櫃是常見的家具款式，畢竟每個人家裡都要有

座椅，但座椅下方卻是懸空，若沒有做其它利用相當浪費，因此可選有收納下櫃的沙發；另外，如果是懸空長椅，下方也可擺放拉籃來增加收納空間，或有些南歐的實木座椅下方就有掀櫃，這些都是利用座椅來增加收納量的家具設計。

· 上掀床架

這個不只是小宅可用，上掀床是很多家庭會選用的多功能收納家具，床架底下空間很大，平日放上床墊後也很難做為他用，所以選擇上掀床或有側拉抽屜的床架就可以多出不少收納空間。其中上掀床必須注意要選有省力裝置與安全桿設計的款式，這種設計可以讓你不需移動床墊就可輕鬆掀床拿取或收放物品，也才能避免東西一放進去就如打入冷宮，再無見到天日之時了。

近年來收納家具的設計越來越多樣，選擇性也越來越多，有些床架本身就是採用木箱櫃拼組而成，或是可以拼組成臥榻，自由度很高，可以隨自己家裡的空間格局來選配，木箱櫃的款式也可挑選上掀或側抽屜的設計做組合。

· 旋轉鞋架、旋轉衣架

在無法有空間增設櫥櫃的情況下，想要增加收納容量還有一個法寶，有不少日系廠商為小空間開發出衣櫃內使用的 360 度迴轉式衣架，讓一個衣櫃達到雙倍甚至更多的吊掛衣量，同時因為衣架可以旋轉，想要找取衣物也會更輕鬆。

除了衣架，類似的設計還有旋轉鞋架，透過斜向交錯的疊放設計來增加 50% 的鞋子收納量，同時也能更清楚看到想要的鞋子。其它還有旋轉書架或轉角轉盤等設計，都是差不多的設計概念，讓原本只能單一面向置物的空間做更多面向的利用，藉此來提高收納量能，這些都是增加小宅收納力的好物。

Chapter 2　小宅裝修，這樣做

## Q1　東西又雜又亂，做有門片的櫃子，全部收起來看起來比較乾淨？

收納是門大學問，特別是家裡東西五花八門，分類起來確實讓人很頭大，所以乾脆就把家裡櫃子全作成門櫃，把差不多的物品都一起收進去，再關上門片就簡單多了，這麼作確實有助於讓牆面看起來更清爽乾淨。如果只是局部的門櫃沒甚麼大問題，但是，若是全牆式門櫃設計等於直接佔據坪數，這對於小宅來說會使空間更有壓迫感。

所以，建議可採用複合式櫃體設計，也就是採取部分門櫃搭配局部層板或檯面的設計，不僅讓視覺可以延伸進入櫃裡，甚至在開放檯面或層板背牆上可以貼鏡面來反映空間深度，巧妙讓空間放大，畫面也會比較豐富。要是一定需要全門櫃，也可以在門櫃下方採懸空設計，像在玄關這種小空間就可採懸空搭配燈光，讓空間看起來更寬些。

在細節上要注意的是，櫃體周邊空間若過小，可能會連櫥櫃扇門要打開的迴旋空間都不太足夠，每次取放物品都會卡卡的，這時可以考慮是否放棄門櫃，改用拉門、摺疊門或是捲門等設計，不只可節省開門空間，日後使用上也比較方便。

▪ 門櫃建議不要做滿全牆，如下半牆做成門櫃，上面可規劃檯面，再搭配懸空設計露出地板，以避免空間感變小。空間設計暨圖片提供｜吾他川設計

090

### Q2 空間很小,但東西超多,收納怎麼規劃才好?

首要步驟是「盤點使用習慣」與「設定收納優先順序」。設計師建議從生活需求出發,先確認哪些是常用、季節性或備品,再配置收納櫃。其次,收納櫃建議高可做到240公分高,以充分利用垂直空間,同時透過低彩度或同色櫃體,降低視覺壓迫。

若空間壓力大,可整合多功能家具,如沙發結合收納、床下儲物、餐邊櫃兼備備餐與儲物,設計也常將玄關、走道或櫃背面設計為隱藏儲物區,視覺上則盡量保持乾淨線條與簡約門板,避免產生雜亂感。收納不只是數量多,而是「合用、順手與隱形」,讓生活物件各歸其位,空間自能恢復輕盈與秩序。

▪ 複合式收納對於小空間是最佳設計解法,常見如窗邊臥榻,除了臥榻下可增加抽屜機能之外,牆面一側也可以搭配櫃體設計擴充出更多能使用的空間。空間設計暨圖片提供｜日居室內設計

### Q3 小坪數收納櫃是不是一定要用訂製的?

若預算有限,或是因為空間小想要保留空間變化彈性,可以選擇直接購買現成的櫃體或家具,但以空間運用來說,訂製櫃體能更有效的利用空間。另外在於木工或系統訂製方式,日居室內設計也補充說明,系統櫃的優點在於施工快速、外觀整齊、成本可控,若收納需求偏向標準尺寸,或無太多造型變化,可優先考慮系統櫃。但若遇到結構限制(如老屋、管道位置多),或需要特殊造型、隱藏式收納設計,木工訂製會更有彈性。總體而言,會先以系統櫃為基礎規劃,再依需求與預算加入訂製件,達到效能與風格的平衡。

▪ 小坪數櫃體不見得一定要全部用木工,可以搭配系統櫃為基礎規劃,在於畸零空間或是有特殊性機能則搭配木工做補強。空間設計暨圖片提供｜日居室內設計

## Q4 想用臥榻設計收納，做上掀式好還是抽屜式好？

房子再小，收納做足就好住，所以臥榻就成為許多小宅屋主不可或缺的收納必選項目，屋主除了可指定在客廳、書房等地方做臥榻，也有人在房間乾脆捨棄床架改為地台床，這樣一來就能不浪費坪數地增加收納櫃。

一般臥榻櫃或地台床櫃的開門方式可分為上掀式、抽屜式與拉門式，其中做上掀式的設計可利用空間與容量最大，但是櫃子上面多半會有座墊或床墊，每次拿東西都要移開墊子，若是床墊就更麻煩了，所以較適合收不常拿的物品。其次上掀式門片多半是配合五金鉸鍊才省力，因此，五金耐用度也很重要，以免日後氣壓桿卡住打不開或關不上就麻煩了。

那麼是不是設計成抽屜或拉門比較好呢？這兩種都是側開的設計，而且抽屜櫃深度只適合做 50 ～ 80 公分之間，太深的抽屜櫃不好開闔也不好放東西，所以像是雙人寬度的臥榻或地台床就只適合在外側做抽屜，內側則維持上掀式。另外，抽屜櫃應先確認臥榻旁有無足夠的開啟空間，抽屜櫃會不會被沙發、家具擋住，需不需要改成橫拉門或捲門方式，以免入住後將東西收進去，卻因門片被遮擋而從此不再開櫃把東西拿出來了。

▪ 床榻可採用上掀式開啟或側開抽屜設計，選擇考量重點除了容量與方便性外，櫃體開門空間是否足夠更為重要。空間設計暨圖片提供｜知域設計

## Q5 洞洞板收納很流行，不過材質不同有差嗎？能掛很重的東西嗎？

在玄關轉角或室內某一面牆，只要不影響動線，就可以掛貼一面洞洞板來做收納或裝飾，這種輕鬆而且有創意的收納設計在近年來相當盛行，除了可以隨手吊掛包包、衣物、還能配合平台養植栽、擺放照片等。

洞洞板材質從一開始流行的木板材質，隨著不同室內風格與設計需求，逐步發展出金屬與塑料或類清水模的板面材質，然而不管是哪一種材質的洞洞板，使用功能與結構都大同小異，就是以一片洞洞板作為底板，搭配圓棍或固定插銷做吊掛，也可以視自己需求是否增加層板作為置物平台。

但是洞洞板也不是甚麼東西都能吊掛，不同材質最大的差異就是承重量，通常木製洞洞板每一根圓棍可承重約 0.3kg，整片總承重也以不超過 3kg 為宜。如果需要擺放更重的物品，建議選用金屬洞洞板較堅固，而金屬板承重力跟板子的厚度，以及固定插銷的外徑尺寸有關，這都需要經過專業評估才安全，同時固定的背板也必須是實牆或柱子才可以。至於塑料的洞洞板則因質料與製作品質各有不同，較不建議掛放重物。

▪ 輕薄簡便的洞洞板能增加豐富性與設計感，還能讓小宅無痛增加收納力，如玄關配置洞洞板可隨手吊掛包包小物。空間設計暨圖片提供｜知域設計

Chapter 2　小宅裝修，這樣做

### Q6

**不想要家裡被櫃體佔滿，又怕不夠收怎麼辦？**

許多家庭在裝潢時擔心收納不夠，於是選擇「櫃體滿牆」的設計手法，卻忽略了空間的通透感與視覺壓迫之間的平衡。其實，與其一味堆砌收納，不如先重新審視「需要被收納的物品」是否真的必要。透過斷捨離的思維，在設計前就先進行物品篩選與分類，留下真正常用、具有價值的物品，反而能讓收納規劃更精準，不必為了「萬一要用」而犧牲空間品質。在設計層面上，可透過彈性機能設計來減少櫃體密度，像是選用兼具收納的家具、結合牆面結構的隱藏式儲物空間，或以局部開放式櫃體取代全封閉設計，不僅保有儲物功能，也讓視覺更輕盈。總而言之，空間的舒適與秩序來自於對生活需求的理解與取捨，而不是單靠櫃子的數量來達成。

- 擔心收納不夠又怕被櫃體佔滿，除了可以透過格局創造出隱藏式儲物間，將雜物集中擺放之外，櫃體的設計形式，如局部開放或是懸吊式層櫃，都可以讓視覺更輕盈。空間設計暨圖片提供｜日居室內設計

### Q7

**頂天櫃好像可以收很多東西，但感覺很壓迫，該做嗎？**

頂天櫃雖是小宅常用的收納策略，但若處理不當會讓空間顯得壓迫。會建議使用淺色板材（如白、淺木）、與天花板色系一致，視覺上較不突兀。也可採用懸空設計或在櫃下、櫃上加裝燈條，創造懸浮感與光感層次；門片可選擇格柵、鋁框玻璃等穿透材質，降低封閉感。最重要的是「真的有收納需求再做」，而非為了填滿空間而設櫃。若只是短期儲物，也可改用活動層架或可移動家具，保留空間的呼吸感與彈性。

- 頂天高櫃選用與天花板顏色一致的板材色調，避免視覺過於壓迫，也不會過於突兀。空間設計暨圖片提供｜日居室內設計

### Q8

**小孩房格局太小，怎麼做收納櫃最有效率？**

如果十幾坪的小宅主人是小家庭，需要有主臥與小孩房，通常小孩房空間都不大，甚至只有兩坪上下，但是房間內還是需要床、衣櫥、書桌，還有不可缺少的開門空間，怎麼設計才好用。

首先，可以先從使用者的年齡來考量需求，如果是學齡兒童建議可以用高架床來滿足多功能的設計，也就是將床鋪設在上層，床下空間就可作為衣櫥、書桌或遊戲區等，如果是兩個小孩下方也能設計床位，而且若真的有需要，上床到屋頂的上層夾縫區也還可設計頂櫃，收納棉被之類物品，這類兒童床設計也可以購買市售的家具，機能性與設計感都不錯，日後等到小孩長大只須整組換成大人床即可，不用敲打重作。

但是小孩如果已經成年，可考慮採用地台床設計，除了可利用床下空間做收納，再依據房間格局運用床尾或床側區來規劃桌板，桌面下方不做櫃子留空可當作伸腳區，桌面側牆可依需求規劃書櫃或化妝櫃，若還有空間則可做一座小衣櫥來收納當季常穿衣物，這樣規劃即使日後孩子外出唸書或成家，這間房間也不需要重新裝潢，可輕鬆轉作為書房或客房使用。

▪ 次臥或小孩房因空間小，只能從天花、地板做收納，如抬高地板做櫥櫃，而日常衣物則利用床側的開放櫃來吊掛。空間設計暨圖片提供｜知域設計

## Q9 很喜歡把東西展示出來，這種收納方式會不會很亂，不適合小坪數？

若有收藏展示需求，會建議屋主一開始可以先告知合作設計師，如此才能納入空間設計考量，或者是針對希望展示的物品量身訂製，有些設計師甚至會先請業主提供藏品尺寸、數量與風格，並且依據擺放區域（如客廳或房間）來做精準規劃。

展示櫃的設計，可略分為有門片和沒有門片，只有層板的形式，選用有門片設計，能減少沾染灰塵，平時清潔打理比較簡單，門片可選用能看見擺放物品的玻璃門片，讓收藏既被看見，又不造成視覺壓力，另外可再進一步規劃層板照明，來強調展示物品。若單純採用層板做收納展示，由於缺乏門片保護，加上台灣地震頻繁，建議慎選擺放物品類型，層板材質則除了常見的木素材，也可根據空間風格選用金屬、玻璃、不鏽鋼等材質，另外可以搭配燈光規劃，來提升展示效果。公共區域展示品過多，容易讓空間顯亂，建議集中設計焦點，私領域通常空間坪數不大，應以藏為主、露為輔。視覺動線與比例安排是關鍵，讓收藏與空間融合而非搶戲。適度留白與材質搭配，也能提升整體質感與展示效果。

▪ 將展示櫃體規劃於用餐區一側，成為公領域視角的主題牆面，並根據收藏品尺寸規劃層板高度，同時加入燈光設計提升展示效果。空間設計暨圖片提供｜日居室內設計

## Q10 在夾層樓梯做收納，會不會讓樓梯變得不堅固？

為了能增加使用坪數，挑高小宅可規劃夾層格局，但提醒屋主購屋前應先確認夾層是否為合法登記的使用坪數，以免後續有違建問題或疑慮。

既然有了夾層，當然需要有連結上層空間的樓梯動線，但是樓梯量體頗大，尤其對小宅來說，樓梯與總體面積的佔比更是相對可觀，所以如何將樓梯空間活化利用相當重要。

因此，有屋主將樓梯設計成可收納的機能設施，但這樣梯下空間的設計會不會不夠堅固呢？其實這部分倒是可以不用太擔心。樓梯的安全性主要取決於本身結構設計、材質選用與施工嚴謹度，當這些都符合規定，樓梯下方懸空空間用來規劃走入式收納間自然不會有問題；若想將梯下規劃成儲藏門櫃，這樣反而能因樓梯下方被櫃體支撐住而提高安全性。

另外，有些人將樓梯踏階設計成為抽屜，這種設計建議可以將樓梯承重力提高，例如改用鋼材作為樓梯骨架，喜歡木梯的話也可在踏階表面鋪設木板與木抽屜，這樣既能保有自己喜歡的風格，也能確保安全性。

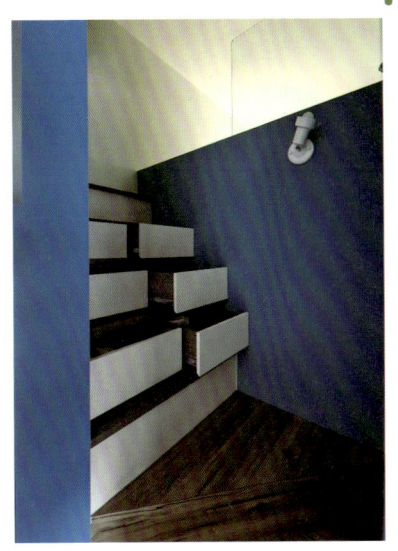

▪ 樓梯結構設計只要符合規定，另外規劃收納空間基本上沒有太大問題，若要將樓梯踏階設計成抽屜收納，建議提高樓梯承重力。空間設計暨圖片提供｜構設計

Chapter 2　小宅裝修，這樣做

### Q11 想在牆上規劃收納，怎麼做才不會因為收納櫃而有壓迫感？

想在牆上規劃收納櫃，而不會造成空間壓迫，重點在於不能讓櫃體存在感很強烈，也不能讓人感覺櫃子體積很厚重。

顏色上會建議採用淺色系，或是與牆色相近的顏色，藉此虛化櫃體存在感，避免造成空間壓力。櫃體形式，可局部加入開放式層板設計，避免封閉式櫃體感覺過於沉重，若擔心開放式層板會看起來凌亂，那麼門片可採用無把手設計，或在櫃門加入玻璃、鏡面材質，讓原本厚重的櫃體可以看起來比較輕盈沒有負擔。

▪ 為了避免造成空間壓迫，應盡量弱化收納櫃體積，最好的做法是採用層板，或沒有門片的開放式設計。空間設計暨圖片提供｜構設計

### Q12 打開收納櫃門時，常常會阻礙行走或打到家具，問題出在哪裡？

會有這種問題，通常是因為走道寬度不足造成的，小坪數空間常常為了要節省空間，而縮小走道，所以才會一打開櫃門就會阻礙行走，至於會打到家具則是在擺放家具時，沒有預留給櫃體開門的空間。比較簡單的解決方法，是將門片改成推拉門，或者是把一片大的門片改成二片小門片，藉由縮小門片尺寸，解決阻礙行走和開門打到家具的問題。

## Q13 衛浴已經很小,但又不能沒有收納,怎麼做才好?

衛浴空間太小又想要有收納,在馬桶和洗手台上方,都是可以增加收納的地方,不想太有壓迫感可用層板,想收得乾淨可選擇吊櫃,不過深度最好控制在 20 公分左右。衛浴空間如果真的太過狹窄,那麼不管是層板或者收納櫃,深度盡量不要超過 10～15 公分,避免突出太多,一直卡到身體。

另外,可在門後掛毛巾架或掛鉤,用來收納毛巾、浴袍等比較輕的物品,若是想收納小物,可選用小掛籃收納。淋浴區則可做壁龕來收放洗髮乳、沐浴乳等用品。

▪ 空間小越需要善用空間,像是洗手台上方和下面的空間,可利用鏡櫃、吊櫃來滿足收納需求。空間設計暨圖片提供│構設計

## Q14 玄關做高櫃很有壓迫感,想要保有收納量又沒有壓迫感,可能嗎?

小宅空間已經很小,規劃給玄關的空間大約也只有 1～2 坪,高櫃確實容易有壓迫感,此時不想犧牲高櫃收納量,建議從櫃體設計做改變。

櫃體建議不落地,抬高約 20～30 公分讓櫃子懸空製造輕盈感,懸空高度可用來放日常換穿的拖鞋或掃地機,懸空處可進一步規劃光源,增加玄關明亮氛圍。櫃體中段可做鏤空設計,平台可收放小物,同時又能化解整面高櫃帶來的沉重感受。小宅玄關通常遠離採光面,所以櫃體最好採用白色或淺色系,來弱化量體沉重感,同時也能稍微提亮空間。

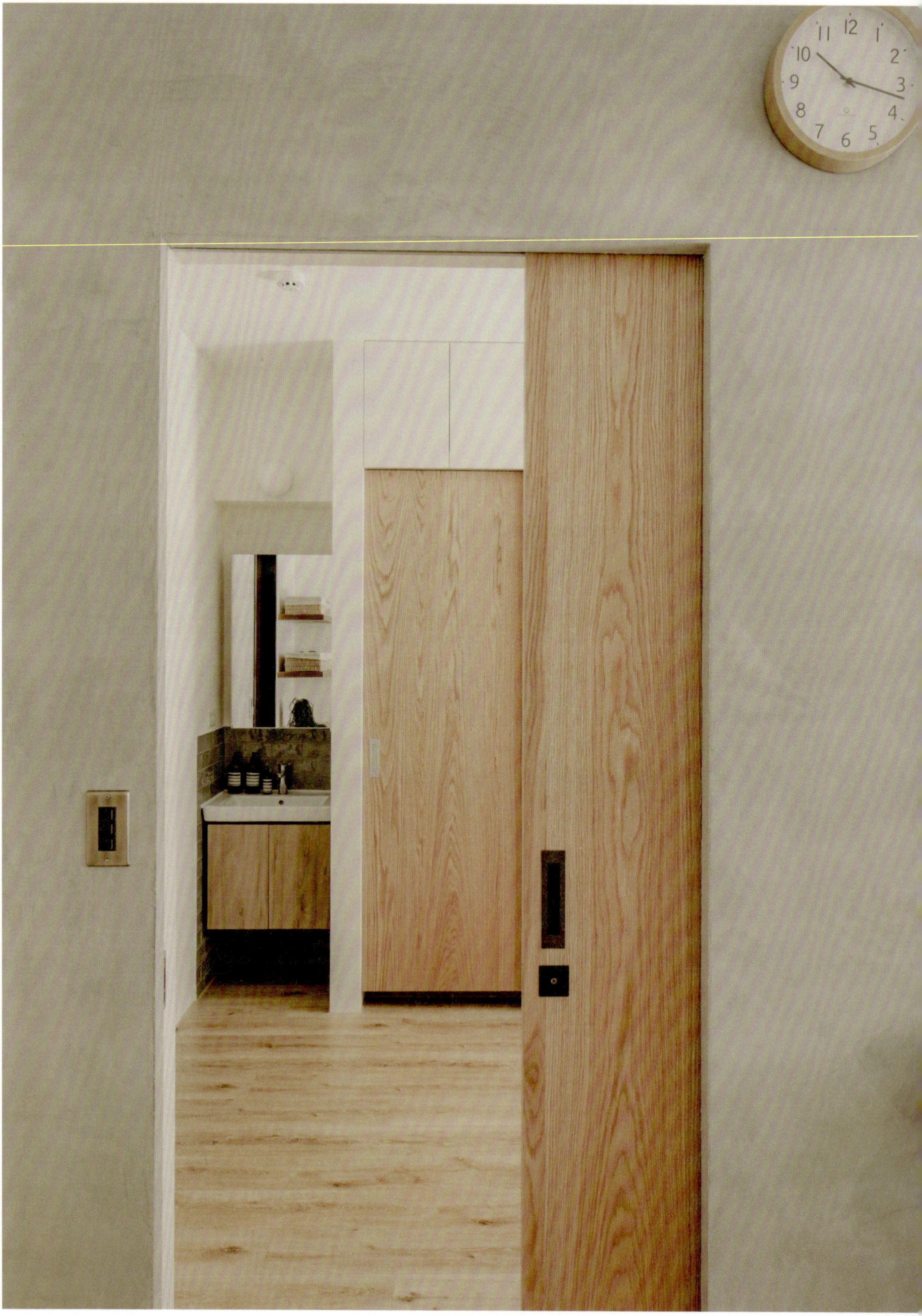

Chapter 3

# 空間實例

Chapter 3 空間實例

CASE 01

# 木皮主牆面導引
# 空間動線和機能

空間設計暨圖片提供｜十幸制作　文｜陳佳歆

| HOME DATA | 地點・高雄市｜坪數・20坪｜家庭成員・2人｜使用建材・鐵件、水染鐵刀木皮、木作 |

年約 40 歲左右的夫妻，購入的 20 坪小宅對於沒有小孩的他們來說大小剛剛好，空間依照兩人多年習慣的生活模式規劃，也做了一些提昇生活質量的設計，格局需求除了主臥及獨立更衣室之外還要有一間長輩房，同時也希望有足夠的收納可以使用。

空間以原始格局調整優化，將次臥坪數放大成更舒適的尺度，複雜的轉角整平後，形成格局方整的客廳，而用淺色木皮鋪面的次臥外牆，被賦予多種功能支援鄰近空間，從玄關開始成為導引至主臥的動線，面對客廳的位置則作為電視主牆。客廳裡包含一張多功能工作桌，沒有特別固定的餐桌位置，用餐形式可以不受侷限，空間使用起來更為自在。客廳裡置頂的櫃牆為小宅提供充足收納，當中穿插一個漫畫書櫃，在統整的視覺上做了一些有趣的變化。

由於夫妻倆喜歡簡單柔和的空間調性，不需要太多的紋理質感，因此空間以白色鋪陳搭配自然木皮，在明亮日光的照映下，為小空間營造輕盈卻不失溫馨的生活質感。

### 低限設計展現最佳採光
大面積落地窗帶給空間明亮的日光，空間保留採光優勢，簡約設計與單純配色擴張小宅空間感。

Chapter 3　空間實例

### 牆面書櫃發揮收納大機能

小空間的櫃體決定了空間整潔度，沿著客廳牆面規劃置頂高櫃，能收整大部份雜物，當中特別依先生的漫畫書數量設計格狀書櫃，在窗邊就能輕鬆享受閱讀樂趣。

### 設計巧思增加臥房趣味

主臥房在滿足寢居機能之餘，運用暖灰色衣櫃量體搭配輕快跳躍的色彩把手，為空間增加活潑的感覺。

**賦予木皮牆面複合機能引領動線**

次臥木皮外牆從玄關延伸至主臥，大面積的淺色木紋質感是空間視覺核心，也成為動線的引導線索，讓因為工作晚歸的先生更有安全感。

**隨生活習慣衍伸玄關機能**

從玄關轉進空間，以夫妻倆人的生活習慣規劃開放層架及收納櫃量體，同時藉由天花造型的引導，進入明亮寬敞的客廳與工作區。

Chapter 3　空間實例

CASE 02

# 雙橫拉門給予
# 自在光線和動線

空間設計暨圖片提供｜向度設計　文｜陳佳歆

| HOME DATA | 地點‧新北市｜坪數‧15坪｜家庭成員‧2人｜使用建材‧礦物塗料、乳膠漆、鋼刷木皮、鐵件、系統板、洞石、spc 地板 |

一對年輕新婚夫妻，準備從 15 坪小宅開展全新人生階段，格局方整的小空間，只有單面採光，因此除了從居住需求和習慣著手規劃格局外，同時思考如何在有限的採光條件下，引入最充足的日光。

夫妻倆人平時以輕食料理居多，因此將餐廚房和客廳放在同一個空間，並利用中島式檯面整合餐廳和廚房功能，對小宅來說，能讓公領域有更寬敞的活動空間。居住成員單純，因此運用橫拉門設計保持小空間彈性；主臥設計兩道拉門，平時只有兩人在家便能享有最大空間使用率，朋友來訪時，關上拉門便能維持隱私，主臥的更衣室拉門搭配長虹玻璃，自然光微微透入使更衣時不會感到壓迫。除此之外，拉門設計不但減少實牆隔間阻擋自然光線狀況，每個開門位置都能沿著軸線看到空間端點，視線和光線都能得到最大延展。

空間搭配自然肌理的材質，使用有溫馨感的木紋搭配米色石材，呼應屋主喜歡的柔和暖色，色調簡單的天然材質，無形之中有放大空間效果，但也大膽跳色加入紅色吊燈，搭配一些綠色石材，在沉靜的大地色之中活絡了空間氛圍。

### 簡化空間提升小宅優勢
坪數有限的空間裡藉由主臥雙開門設計，模糊空間與空間界線，讓動線和光線更自由流動，人在空間中生活也感到更自在。

Chapter 3　空間實例

## 局部使用鏡面材質延伸視感

客廳電視牆下方運用鏡面材質使牆體感覺更輕盈，同時也有延伸視覺效果，天花板則以弧形設計弱化樑的存在感，也因此保留足夠的空間高度

## 複合式中島整合餐廚房

女主人平時會簡單料理，由於較少大火快炒，於是簡化餐廚空間，將結合水槽、電磁爐及餐桌的中島整合於客廳之中，爭取更寬敞的公領域活動空間。

**雙橫拉門引導最大採光範圍**

主臥設計兩道橫向拉門，擴大自然光線在單面採光空間裡的流動範圍，獨立更衣室拉門採用長虹玻璃，即使關門更衣也能透入光線，不會感覺昏暗。

**單純材質色調放大空間感**

材質太複雜容易使小宅顯得雜亂，整體空間運用木素材、洞石等色感一致的材質達到放大效果，材質天然的肌理也為空間增添質感。

Chapter 3　空間實例

CASE 03

# 微調格局動線，
# 18坪小宅重生進化

空間設計暨圖片提供｜隱作設計　文｜Eva

| HOME DATA | 地點・台北市｜坪數・18 坪｜家庭成員・2 人｜使用建材・藝術塗料、木皮、大理石、鍍鈦金屬、磁磚

　　這間 20 年的老屋，玄關與主臥相鄰，兩區僅以櫃體區隔，實用性與私密性不足，廚房與次臥入口相交，動線混亂。屋主夫妻與兩犬相伴，在維持兩房的條件下，重整格局，滿足未來育兒需求，也兼顧毛孩的生活動線。

　　主臥增設隔牆，明確劃分玄關與臥寢領域，客廳與餐廳開放，沿牆安排書桌，方便屋主在家工作，而書桌與餐桌之間共用走道，有效節省空間。次臥入口位移，改到窗邊，不僅適時引入採光，也與廚房動線分離，廚房則重新整合設備與冰箱位置，將次臥牆面內推，讓出電器櫃收納空間，提升使用效率。

　　電視主牆以深色木皮鋪陳，兩側的廚房與次臥門片延續相同材質，巧妙形塑完整立面，彰顯開闊尺度，下方櫃體則以鍍鈦飾面，兼具收納與風格。原有衛浴的洗手台外移，動線多了曲折，因此重新整合衛浴，擴大洗浴空間，並調整入口方向，維持順暢動線。

　　考量到毛孩活動和清潔需求，地坪全面改為灰色素磚，方便清理。主臥門片並設置狗狗專屬洞口，方便毛孩能自由來回行走，貼心細節中彰顯小宅的人性化思維。

**共用走道，提升空間坪效**
沿著通道兩側安排餐廳與書房，共用走道設計，讓空間坪效利用最大化。而書桌一側安排櫃體，有效擴增收納機能。

## 統一材質，擴大主牆視覺比例

電視牆兩側分別安排廚房與次臥入口，採用同一木質鋪陳，拉大電視牆比例，彰顯開闊的視覺尺度。次臥入口移至窗邊，與廚房動線分離，行走互不干擾。

## 米白色調與深色木質，奠定沉穩調性

全室以米白藝術塗料、深色木質為基底，奠定沉穩靜謐調性。玄關上方樑體適時以大理石鋪陳，增添輕奢質感，地坪採用好清潔的磁磚，則能滿足毛孩活動和清理需求。

**主臥安排門洞，打造寵物動線**

玄關櫃與主臥統一以藝術塗料鋪陳，有效延伸視覺，暈染色調則賦予柔和靜謐質感，主臥門片留出約 20 公分高的洞口，方便毛孩進出。

**整合分離式衛浴，洗浴空間更舒適**

將原有的分離式衛浴整合，並調整開門方向，不僅擴大洗浴空間，也縮短進出動線，行走更流暢。

Chapter 3　空間實例

CASE 04

# 讓毛孩可以自在遊走的簡約小宅

空間設計暨圖片提供｜日常計劃空間設計　文｜喃喃

| HOME DATA | 地點・新北市｜坪數・16 坪｜家庭成員・1 人｜使用建材・系統板、乳膠漆、木皮、訂製鐵件

這個 16 坪的空間，居住成員只有屋主一人，空間雖然夠用，但對家中的毛孩來說，卻不算是個友善空間，因此屋主希望透過專業的設計規劃，打造一個可以不受拘束與毛孩和諧共處的家。

封閉的隔局，限縮活動範圍，因此打開封閉的廚房，與餐廳、客廳整合成一個開放的公領域，開闊的公共空間，選擇做大量留白，只藉由增設一座中島來收納廚房家電，並做出場域隱形界定，家具配置降至最低限，如此一來，便能留出空間，讓毛孩可以自由活動。為了配合毛孩使用，衛浴格局也重新做規劃，首先入口位置挪移，門片改為橫拉門，藉此不只可移動洗手檯位置，同時還能延展檯面，提高實用性，至於橫拉門因不需預留開門迴旋空間，使用動線也變得更流暢舒適。

採用大量的白舖陳，雖然可以讓小空間有寬闊感受，但也容易流於冰冷缺少溫度，因此天花和牆面採用霧鄉色，並加入木質元素，來調整空間溫度，烘托出柔和簡約卻不單調的居家氛圍。

**斜向中島化解空間難題**

中島隱形界定場域，面向廚房的一面規劃成收納，接著再以灰色磚材修飾立面，完美融入空間色調並做出視覺層次變化，刻意採打斜設計，延展電視與座位距離，避免距離過近而感到不適。

Chapter 3　空間實例

### 隱藏門片維持立面整潔視覺

位於同一立面的兩間臥房門片採用隱藏門設計，利用相近漆色來與牆面串聯，維持視覺上的完整，如此也能減少線條分割，讓整個空間看起來更加整潔俐落。

### 質地混搭簡單不失溫馨

玄關延續簡約基調，加入手感地磚、木質櫥櫃、橫拉門片，來圍塑出屬於家的溫馨感，橫拉門造型結合復古玻璃，玻璃讓視覺隱約穿透，既引入光源也能保有隱私。

**體貼毛孩的臥榻設計**

臥房以臥榻取代現成床架，如此便可降低高度，讓毛孩輕鬆上下床，臥榻材質選用淺色調木素材，不只替灰白調空間注入溫度，也帶來了溫潤觸感與明亮感受。

**透過微調提昇使用感受**

衛浴原始使用動線侷促，也不方便毛孩使用，因此以改變出口位置來調整格局，洗臉檯面因此得以加大，還能留出檯面下空間放置毛孩物品，橫拉門片選用金屬材質，不只易於清潔，也能增添衛浴空間洗鍊感。

Chapter 3　空間實例

CASE 05

# 調轉格局，
# 打造光影流動的日系小宅

空間設計暨圖片提供│岩研域寓　文│Eva

| HOME DATA | 地點・台南市｜坪數・15坪｜家庭成員・2人｜使用建材・超耐磨地板、樂土、不鏽鋼檯面、橡木皮、銀波玻璃 |

這間 18 坪的毛胚屋，原始兩間臥室臨窗設置，形成暗廳明房的格局，因此客廳與次臥對調，將原本位於陰暗處的客廳移至窗側，同時與廚房整合，形塑開放的公領域，空間更開闊流動。考量到開窗位置，電視牆略微退縮，釋放完整採光，而留出的角落則增設收納，提升實用機能。

廚房以中島劃分領域，同時也擴大備料區域與收納機能，選用不鏽鋼檯面、嵌入洗碗機，滿足屋主的清潔需求，電器櫃下方更貼心設置垃圾桶的收納空間，進出行走不受阻礙，吊櫃特意不做滿，再輔以木質層板，輕盈視覺醞釀出日系文青氣息。

由於有大量衣物和球鞋收納需求，主臥不做制式衣櫃，改以拉簾和層板分隔，搭配移動式的抽屜彈性運用空間，而床頭窗戶封起，化解風水禁忌的同時，也有充裕空間延展木質衣櫃，不僅方便男主人使用，也能兼作床頭櫃，滿足臥寢收納。次臥位移後，搭配室內窗，有效引入光線與通風，窗戶採用傳統工法，運用木壓條與轉軸設定開啟角度，搭配仿舊木皮、古銅把手和銀波玻璃，強化復古日式語彙。

**中島隱性界定公領域**

公領域以中島劃分客廳與廚房，不僅隱性區隔空間，視覺也能延伸，空間有效放大，維持通透感。同時捨棄餐桌，改在客廳布置高腳茶几，兼具用餐功能。

Chapter 3　空間實例

## 木質與白磚，建構清爽日式調性

廚房採用不鏽鋼檯面、白色條磚，便於整理清潔，同時點綴木質層板與吊櫃，吊櫃不做滿，維持簡約清爽的日式調性。略微拉高的中島，能適時隱藏檯面，保有乾淨俐落的視覺。

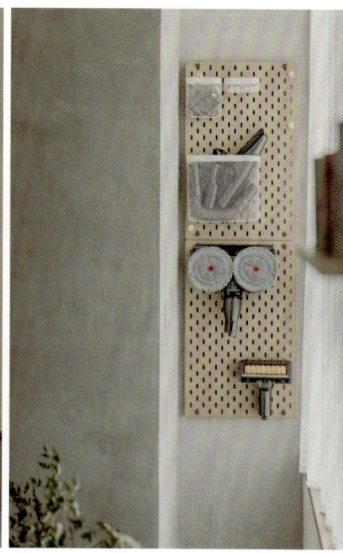

## 開窗＋格局對調，保有明亮採光與通風

客廳與次臥對調，與開放廚房合併，形塑明亮寬敞的公領域。次臥安排室內窗引入採光，離地 105 公分的窗戶高度，兼具隱私與通風。客廳角落則規劃洞洞板，作為吸塵器、掃具的收納空間，提升空間坪效。

**主臥分設衣櫃，擴增機能**

主臥以拉簾和層板圍塑女主人衣櫃，如同日式壁櫥，打造彈性收納空間。床側則增設男主人的專用衣櫃，不僅有效遮擋床頭窗戶，化解風水禁忌，側邊更設凹槽與夜燈，賦予床頭收納機能。

**金屬網架，兼具屏風與收納功能**

由於一入門即直視廚房，以金屬網充作屏風，巧妙遮掩冰箱，同時也能作為收納吊掛使用，一側則安排鏡面，輔助整衣需求。

Chapter 3 　空間實例

CASE 06

# 透過細膩微調，
# 小宅生活也能如此愜意舒適

空間設計暨圖片提供｜日常計劃空間設計　文｜喃喃

| HOME DATA | 地點・新北市｜坪數・18坪｜家庭成員・3人｜使用建材・系統板、乳膠漆、木皮、樂土

約只有18坪的小宅，格局問題不大，屋主的期待也很簡單，就是想要有一個採光超好的客廳，同時因為工作需求，還要有一個足夠的收納空間，來收納難以統一規整的物品。回應屋主需求，設計師首先將採光最好的廚房和客廳位置對調，讓客廳可以鄰近最好的採光面，接著再輔以大量的白做基底，藉此加倍放大採光條件，也實現了屋主想要一個明亮、光線自在流動的空間。

藉由位置調換，原來一字型配置功能略顯不足的廚房，除了保留原始廚具外，另外在側牆量身訂製一座收納櫃，廚房延展成L型，廚房家電有了更適合的位置擺放，料理動線也更流暢。屋主一開始便表示有大量收納需求，因此相對於收納櫃，規劃一個收納更彈性的儲藏間，反而符合屋主的收納需求。

小空間不宜元素過多，因此收斂室內設計元素，材質上也力求精簡，整體空間更只以白、灰色調為主，雖然空間看起來簡約俐落，但藉由木素材、樂土等材質的溫潤手感，有效淡化冷色調的冰冷感受，為空間注入屬於家的溫馨氣息。

**淺色調基底放大採光**
位置對調讓客廳擁有最佳採光，再利用淺色調反射光源，強調空間的採光條件，而因為牆面質地的不同，投射在牆面的光影層次變得豐富，空間質感也因而提昇。

Chapter 3　空間實例

**統一材質修飾立面表情**

儲藏間表面貼覆淺色木皮修飾，一路延伸至走道的收納高櫃，藉由材質一致性引導延伸視覺，並搭配隱藏把手設計與弧形轉角收邊，立面整潔俐落又不失溫潤柔和。

**讓過渡空間更具實用性**

通往私領域的過道，規劃有置頂高櫃，賦予過渡空間實用性，櫃體延續儲藏間的淺木色，維持材質一致性，讓視覺更爲整潔，同時也能降低高櫃壓迫感受。

**以深色鋪陳睡寢舒眠氛圍**

有化妝、工作功能需求，因此圍繞著窗戶，打造一個兼具桌面與收納的區域，因為採光良好，選用深木色來架構空間沉穩調性，讓人得以沉澱情緒好好入睡。

**將畸零地打造成好用衣櫥**

因樑柱關係產生的畸零地，不用櫃體收整，而是規劃更彈性好用的步入式衣櫥，除了呼應弧形設計語彙，門片並採用玻璃材質引入光線，接著再以藍色做跳色，成為視覺亮點。

Chapter 3　空間實例

CASE 07

# 重塑格局動線，
# 18坪小宅既實用又開闊

空間設計暨圖片提供｜構設計　文｜Celine

| HOME DATA | 地點‧台北市｜坪數‧20坪｜家庭成員‧2人｜使用建材‧木地板、實木皮、馬賽克磚、木地板、特殊漆 |

這間18坪的住宅，雖然前一任屋主曾經客變改過格局，然而因改造不當，反而面臨空間機能嚴重浪費，像是走道冗長、主臥比例失衡等問題，既不實用也不舒適，設計師決定從最根本的格局問題著手，重新定義空間邏輯。

透過主臥與客房的對調，讓兩房尺寸更為平衡實用，同時大幅縮短走道長度、消除多餘轉折，使動線更自然流暢。玄關處則新增收納櫃體與穿鞋區，建立進出的緩衝節奏；公領域利用帶弧形的電視半牆區隔客廳與書房，既保留開放感也提升空間層次。廚房保留原有一字型配置，搭配新增中島補足料理機能並串聯餐桌，建構出順暢的回字動線。

考量屋主夫妻皆為設計從業者，書房採用半開放式設計，兼顧居家工作需求與維持空間的開闊性，整體風格以屋主喜愛的深色木皮、特殊塗料與弧線語彙為主，融入日常生活的溫潤感與細節美感，在實用之餘也展現獨到的生活品味。

**優化動線讓空間更開闊**

將原本冗長、零碎的公領域格局進行全面調整，透過半高電視牆取代傳統隔間，巧妙界定客廳與書房邊界，讓空間既開放又有秩序。材質延續與色彩統一串聯玄關、客廳、餐廚區，使整體視覺更為流暢，回應小宅對開闊感與機能的雙重期待。

### 半開放設計兼顧功能與視覺

緊鄰客廳的書房以電視半牆作為自然分隔，保留部分開放感，又能在辦公時維持視覺與精神上的專注。後方牆面整合洞洞板、抽屜櫃與展示格櫃，提升收納實用性並兼作展示牆。木皮材質延續至主臥入口，從細節處展現空間的連續性與一致調性。

### 半牆分區兼顧採光尺度

長型空間中原無電視主牆，加上天花橫樑壓迫，視覺侷促，設計師在兩窗之間置入弧形電視半牆，讓觀影尺度合理，又能保有光線通透的效果。

**新增小中島擴充廚區機能**

廚房保留原本建商配的一字型廚具,搭配實木皮櫃體與延伸至天花的包覆設計,在開放空間中劃出清晰廚區邊界。新增中島整合料理、備餐與電器配置,打造回字型動線。牆面鋪設細長墨綠馬賽克磚呼應圓桌旁橄欖綠餐椅,回應屋主喜愛的復古氛圍。

**藤編門片兼具風格與透氣**

原格局無玄關,進門即見廚房與客廳,設計師以木作隔間牆與頂天櫃體形塑出玄關場域,搭配實木皮與藤編材質,創造透氣又有肌理感的立面表情。

Chapter 3　空間實例

CASE 08

# 復古溫潤的機能小宅

空間設計暨圖片提供｜日居室內設計　文｜Celine

**HOME DATA**　地點・新北市｜坪數・20坪｜家庭成員・3人｜使用建材・磁磚、木地板、長虹玻璃、海棠花玻璃、塗料、系統板材

　　此案以「安全、溫潤與細膩質感」為核心，回應屋主對家庭成員未來擴增與生活氛圍的期待。業主強調孩童未來成長時的安全性，因此設計上在書房隔間、餐廳櫃體轉角皆運用圓弧無稜角設計，降低碰撞風險。同時，書房的半通透隔間更運用多種壓花玻璃，例如：千禧格玻璃、海棠花玻璃與深色木皮，創造懷舊而不厚重的復古氛圍，並兼具穿透與隱私之間的平衡。

　　除此之外，為了因應屋主對收納的高需求與小坪數空間的限制，設計整合大量機能，如：玄關複合櫃體、系統櫃與中島餐桌整合等，處處體現「收納即造型」的思維。此外，在入門處也透過材質分區，如磁磚與木地板，明確界定落塵區與起居空間，拉出空間層次感。

　　整體風格融合沉穩、細節豐富的造型元素與實用導向的機能配置，既保有家的溫度，也滿足現代生活的靈活需求。全室設計貼合使用者習慣與生活節奏，讓每一處轉角都蘊含設計心思，展現細膩而不喧嘩的空間語言。

**沉穩又溫柔的生活場景**

設計以復古木皮與壓花玻璃鋪陳空間質感，搭配無稜角的隔間與櫃體設計提升安全性，在實用與美感之間取得平衡，勾勒出一家三口溫潤日常的生活風景。

Chapter 3　空間實例

### 機能櫃體整合讓玄關更便利

玄關以複合櫃體整合鞋櫃與備品收納功能，並運用磁磚材質清楚界定出落塵區，兼顧美觀與日常實用，替小宅爭取更多生活便利。

### 弧形收邊細節柔化

書房隔間轉角處以弧形設計包覆，搭配無銳角櫃體設計，細節中展現對孩童安全的用心，也讓整體空間視覺更柔和、過渡更自然。

## 深色木質穩定視覺

深色木皮複合式收納櫃體延伸至電視櫃，形塑安定的視覺焦點，壓花玻璃元素帶出懷舊質感，也增加空間的光感與穿透性，展現復古而輕盈的風格。

## 中島結合餐桌滿足多重機能

原建商僅配置一字型廚房，擴增中島檯整合收納機能，並連結整合餐桌，滿足備餐、用餐與親子互動需求，讓小坪數空間發揮最高使用效益。

Chapter 3　空間實例

CASE 09

# 摒除多餘隔牆，
# 打開小宅新格局

空間設計暨圖片提供｜溫溫空間設計　文｜喃喃

| HOME DATA | 地點・桃園｜坪數・15 坪｜家庭成員・2 人｜使用建材・木皮、系統櫃、不銹鋼 |

　　一間僅有 15 坪的房子，格成三房加上封閉式廚房設計，讓公領域變得陝隘且有壓迫感。和屋主討論後，根據兩人未來生活規劃與平時生活習慣，決定將其中一房與廚房隔牆拆除，藉此能擴大公領域，讓採光變得更充足，原本各自獨立的餐廚、客廳功能，則順勢整合在公領域。

　　其中原始廚房功能不足，藉由增加一座電器高櫃，來讓廚房家電與冰箱得以安置在適當位置，料理動線也會變得順暢，而規劃成電視牆的區域，改成更符合屋主需求的閱讀辦公區，電視採用立架，使用上可隨當下情境移動，更顯靈活彈性，也能維持空間寬闊感。

　　精簡空間裡使用的建材種類，並統一以白色來製造視覺和諧與延伸放大效果，不過空間過白容易感覺太冰冷，因此加入具溫潤質感的木素材，來注入屬於家的柔和溫馨氣息，並刻意選用北歐風家具家飾，來回應屋主居家風格喜好，同時也能點綴活躍空間氛圍。

**利用家具家飾豐富空間層次**

以白色和淺木色達到空間放大目的，再搭配有北歐風元素的沙發、椅凳、燈具等家具家飾，不只豐富空間色彩與層次，也能讓空間變得不無聊。

Chapter 3　空間實例

### 預留空間，讓光線自由流動

以一座高櫃延伸廚房，不只補足廚房機能，同時也隔出玄關區域，製造出內外分界，櫃體不做到頂天，是為了讓光線可穿透至玄關，避免玄關變得昏暗。

### 光線加上淺色調，讓玄關變得清爽明亮

玄關遠離採光面易有陰暗問題，因此除了高櫃不做到頂以引入光線，兩座大型櫃體也採用白色和淺木色，延續空間風格，也能減緩高櫃壓迫感。

### 以高度段差巧妙界定空間機能

閱讀區桌面延展至餐廚區時，從原本 75 公分高的桌面增高設計成給餐廳使用的收納櫃，由於使用相同材質，因此即便有段差，立面看起來仍然乾淨俐落，櫃體檯面貼覆不鏽鋼薄片，則是基於若擺放咖啡等家電，便於清潔考量。

### 改用橫拉門空間更好用

與沙發牆位於同一立面的主臥房門改為橫拉門，少了開門要留的迴旋空間，主臥與客廳空間能更好利用，而將門片漆成與牆面相同的白，則能收整線條讓空間更顯簡潔俐落。

Chapter 3　空間實例

CASE 10

# 軸線配置格局
# 創造最大空間延伸性

空間設計暨圖片提供｜向度設計　文｜陳佳歆

**HOME DATA**　地點・桃園市｜坪數・15坪｜家庭成員・1人｜使用建材・礦物塗料、乳膠漆、鋼刷木皮、鐵件、磁磚、薄板磁磚、海島型地板、長虹玻璃

　　上班族男子的單人住宅，空間從毛胚屋開始討論規劃，屋主除了想要有一間包含更衣室的主臥之外還要有一間書房，由於平時只有一個人居住，沒有隱私顧慮，空間就不需要那麼封閉，因此規劃上儘可能讓空間更開闊靈活。

　　從入口開始的水平軸線配置客廳及餐廚房，主臥和書房則規劃在兩側，所有房門皆採用格柵式橫拉門，通透的格柵能適度區隔空間，同時將採光放到最大，視線也能相互流通，拉門設計讓空間使用調配更有彈性，可以是二加一房或者三個獨立空間，當門片全打開時就成為寬敞的大空間。書房除了平時作為居家辦公外仍保留寢居功能，當親友來訪時能作為臥房使用；收納設計上，因應屋主的物品數量儘可能簡單，沒有太多封閉櫃體，以開放展式櫃給予空間更多留白。

　　小坪數空間以暖白色為主，搭配溫暖的淺色木質材料，讓空間簡潔明亮，適當搭配一些礦物塗料、石紋肌理及磁磚，運用自然紋理帶入一點活潑感，才不會顯得過於平淡，即使一個人居住的小宅，對於生活空間質感也要相當講究。

**橫拉門設計開展光線及視線尺度**
空間房門皆採用拉門，當門片全打開時形成一個開闊的大空間，從入口處就能看到全部空間，自然光線也能完全照映到每個角落。

Chapter 3　空間實例

### 一房兩用依需求隨心變換

平時工作使用的書房保留睡眠功能，能依照生活需求靈活作為次臥使用，由於屋主沒有太多物品需要收納，因此只簡單做了懸掛壁櫃，讓小空間感覺更輕盈。

### 軸線配置格局延伸空間可能

空間格局嚴謹配置在垂直水平軸線上，企圖在空間中創造最大延伸性，站在不同位置端點，皆能感受到不同角落端景。

### 雙入口小空間動線更靈活

主臥規劃雙入口,增加小空間動線多種可能,主臥內規劃獨立更衣室,使寢居更為俐落簡潔,長虹玻璃拉門讓採光透入,主臥雖然沒有靠窗也能享有柔和日光。

### 自然材質增加空間質感

清爽的白色與明亮的光線放大了小空間,接著並搭配木紋、石紋等材質,藉由明顯的紋理為空間點綴層次,讓人不會感覺太過單調。

Chapter 3　空間實例

CASE 11

# 放寬空間尺度，
# 實現悠遊自在的北歐生活

空間設計暨圖片提供｜知域室內設計　文｜喃喃

**HOME DATA**　地點‧新北市｜坪數‧20坪｜家庭成員‧1人｜使用建材‧仿壁爐造型的櫃子、長虹玻璃、系統櫃

原本約 20 坪的房子隔成三房，公共空間大小受到侷限，狹小的廚房和客廳，更讓人感到相當侷促，因此屋主不只希望空間可以擴大，更想要打造出一個有利於互動的開放式空間。

客廳是空間中主要的活動區域，為了符合屋主實際的生活需求，將原本鄰近廚房和客廳的兩間房予以拆除，而原來的封閉式廚房也改為開放式，沒有了實體牆面阻隔，便能達到延伸放大空間目的。廚房多出可放置商用冰箱，並規劃一座綠色高櫃的空間，強化收納機能，另外增設一座中島，隨當下情境可做為備料檯面或餐桌使用，廚房鄰近客廳，空間動線順暢，也便於客廳與廚房兩個空間交流互動。

在確認空間格局的變動後，接著是空間風格的營造，屋主偏好北歐風，因此全室以白色做為基底，以奶茶色及侘寂色為輔，描繪出空間的暖和柔。搭配屋主要求的壁爐設計，還利用弧線設計語彙來增添視覺變化，柔化極簡空間的俐落線條，營造出溫馨的居家氛圍。此外，以北歐風不能少的木質元素點綴，木材的溫潤質地，替空間注入溫度，讓家成為可以讓人放鬆舒適的居所。

**既是收納也是裝飾元素**

客廳打破傳統電視牆設計，連續使用三道圓弧拱門櫃體，打造出空間的立體形狀，圓弧拱門內同時搭配層板，還整合了空間收納功能，正中央處使用白色系統板，形塑出一個壁爐櫃子，其內深度也暗藏約 60 公分的收納空間。

Chapter 3　空間實例

### 長虹玻璃隔屏實用且不失造型

玄關入口規劃一道長虹玻璃隔屏，起到空間隔斷，並引光入室的目的，造型不只呼應弧線設計語彙，弧型收邊也是考量小朋友進出安全性。

### 重整格局 打造美觀又實用的廚房

拆除一房，擴充空間後，增設一座中島，加強一字型配置的廚房機能，從封閉式改為開放式，並結合位於玄關長虹玻璃門的入口，巧妙形成回字動線，不管有人來訪或平時採買，行走動線都變得更方便且流暢。

**拆除一房，空間使用更彈性**

藉由拆除其中一房，讓公領域變得寬敞明亮，使用上也更為靈活彈性，依據當下需求，可以是客廳或者書房，若有學生來上課，在開闊的場域裡，也能輕鬆自在的交流互動。

**從牆面延伸床頭背板功能**

塗刷中性調特殊漆，讓臥房延續空間風格主調，衣櫃安排在床尾，考量需預留開門迴旋空間，床頭背板從主牆延伸設計，並以弧線設計語彙與灰色調，來自然融入主牆，也圍塑出寧靜舒眠氛圍。

Chapter 3　空間實例

## CASE 12

# 打開封閉廚房，
# 20坪小宅湧入雙倍開闊感

空間設計暨圖片提供｜隱作設計　文｜Eva

**HOME DATA**　地點・台北市｜坪數・20坪｜家庭成員・1人｜使用建材・藝術塗料、磁磚、超耐磨地板

　　這間屋齡 40 年的老屋，屋主是一位半退休的單身男子，平時有在家工作的需求。考量到原始廚房封閉、採光受限，因此以減法思維重新規劃格局，拆除廚房改為開放式設計，陽台光線則能深入室內，形成雙面採光，空間更開闊明亮。同時對調廚房與餐廳位置，客廳、餐廳與廚房自然打造流暢動線，廚房角落搭配電器矮櫃，兼顧機動性與輕量化。

　　進入客廳，整合鞋櫃與電視牆，創造俐落統一的視覺主景，沙發背牆鋪陳米白色調，從立面延伸至天花，並以弧形修飾轉角，柔化空間線條，沿窗設置咖啡吧檯與高腳椅，平時能在此悠閒享受咖啡時光，成為屋主最愛的放鬆角落。

　　維持兩房空間，次臥改做書房，打造居家辦公空間，同時配置折疊床，未來可兼作客房使用，靈活轉換機能；為了滿足屋主日常泡澡習慣，縮小主臥，衛浴空間拉大，納入浴缸與淋浴機能，洗浴氛圍更舒適開闊。

**米白色調，營造純淨視覺**
全室以米白色調為主，局部點綴淺木紋，不僅為空間注入純淨清爽的氣息，也營造統一延伸的視覺效果，無形放大空間。客廳窗下則設置吧檯，打造悠閒放鬆小角落。

### 聚焦主牆，形塑視覺端景

沿著樑下安排電視櫃，同時與鞋櫃合併，形塑乾淨俐落的立面線條。主牆則選用細長磁磚鋪陳，下方點綴球型櫃腳輔助承重，為空間創造豐富層次變化。

### 拆除廚房，公領域開敞明亮

拆除廚房隔間，轉為開放的設計，讓客廳、餐廚合為一體，視覺更通透開闊，牆面鋪陳米白色調，並向上延伸至天花，輔以圓弧轉角，空間溫潤柔和。

### 背牆加厚，藏入管線

主臥延續公領域調性，鋪陳相同的米白藝術塗料，一旁則嵌入木質高櫃，臥寢空間純粹靜謐，背牆隱藏窗戶，化解風水禁忌，同時順勢加厚牆面，巧妙藏入抽風管線，有助相鄰的衛浴通風排氣。

### 餐廚調轉，動線與採光自然流通

廚房與餐廳位置對調，保留通暢走道，陽台採光也隨之深入。考量到空間有限，冰箱與電器櫃轉而嵌入角落，維持廚房機能。

Chapter 3　空間實例

CASE 13

# 量體層疊概念
# 化解小宅課題

空間設計暨圖片提供｜十幸制作　文｜陳佳歆

| HOME DATA | 地點・新北市｜坪數・20坪｜家庭成員・2人｜使用建材・鐵件烤漆、實木木皮、超耐磨木地板、清水模塗料

　　新婚小夫妻購入的新屋空間方整，採光明亮，由於購屋後裝潢的預算不算充裕，因此格局不打算做太多變動，保留建商規劃的兩房，次臥作為未來小朋友預留的空間，唯一較在意的是打開大門就看見廚房的風水問題，是這間小宅首要解決的課題。

　　空間以量體層疊為概念，入口處利用牆面化解開門見灶的狀況，並且明確界定內外場域，而連結中島的餐桌也與玄關牆結合，成為空間重要核心，餐廚房場域使用功能重疊，不但減少產生過長走道，也留出更多活動空間；玄關牆壁上打開一道垂直開口，成為小宅進門後內外交流的媒介，產生更多視線流動，不會一進門就感到侷促。

　　因應男主在家使用電腦的需求，在鄰近客廳位置增加一間書房，進入臥房的廊道入口處安裝拉門，使公私領域更為分明。只有兩個人的小家庭，需要收整的東西不多，收納櫃沒有做太滿，根據使用習慣配置櫃體，留給家更多呼吸空間。空間以低彩度的黑、白和灰鋪陳，簡單線條搭配單純色彩，讓小空間呈現寬敞的空間感簡潔，適度加入淺色木材質，讓自然紋理增加家的溫度。

**適度留白打造空間感**
簡約的黑、白、灰呼應嚴謹的水平和垂直線條，和諧的色調，不做滿的櫃體，營造小宅舒服的空間感。

Chapter 3　空間實例

**隱藏拉門形塑方整公領域**

沙發背牆後是新增的書房，同時進入臥房區的廊道口安裝拉門，使公領域更為方正俐落，私領域更具隱私性，隱藏式拉門設計平時能不著痕跡收進牆面之中。

**材質轉換界定內外**

入口一進門以一面灰牆化解開門見灶的風水顧忌，地板也利用磁磚和木地板不同材質轉換，自然而然界定了內外區域，而右側鏡面材質不僅能作為穿衣鏡，反光特性也延伸小宅空間。

**牆面開口創造空間趣味**

獨立的書房規劃臥榻，提供空間多種使用情境，除了作為工作區域使用，同時也能當作臥房，牆面同樣留出開口，增加空間彼此互動性。

**重疊場域減少空間浪費**

空間以量體層疊的概念，讓餐桌、中島與灰色玄關牆面結合，層層堆疊成為空間重要核心，灰牆刻意留出一道直向開口，讓光線和視線能在空間延續。

Chapter 3　空間實例

CASE 14

# 摺疊餐桌、複合機能讓小宅更好用

空間設計暨圖片提供｜日居室內設計　文｜Celine

**HOME DATA** 　地點‧台北市｜坪數‧20坪｜家庭成員‧2人｜使用建材‧塗料、系統板材、玻璃、六角磚、木地板

　　這是一間約 20 坪的小坪數住宅，屋主在預售階段卽針對格局做出調整，期望未來生活能實現開放互動、機能整合與風格一致的生活場景。經設計團隊與屋主溝通後，設計上以柔和溫潤的奶茶色調與低彩度復古綠作爲空間主軸，搭配大量留白與穿透感材質，例如：格柵、玻璃、布簾等，強化空間明亮度與視覺延伸性。

　　首先是沙發背牆運用上下雙色設計，兼具分區與色彩層次；玄關臥榻與餐區的摺疊式餐桌設計，則充分發揮小空間的彈性與機能。訂製餐桌隱藏於櫃體中，可依需求展開，避免空間浪費；更衣室以布簾取代拉門，讓臥室更柔和靜謐。

　　在機能安排上，以系統櫃搭配木作手法，整合收納、展示與日常生活需求，如電箱隱藏、頂天櫃柔化、展示櫃配置等。整體空間在美感與實用之間取得優雅平衡，是一處爲兩人生活量身打造、細膩而溫和的都市寓所。

**留白與開放讓家開闊放大**
小坪數空間維持公領域的開放與視覺通透延伸，柔和溫潤的奶茶色調，加上大量留白設計，提高明亮度之外，更能讓家有放大開闊的效果。

### 格柵門扇兼具透氣與視覺延伸性

進門入口規劃臥榻式座位區域，增加收納與休憩用途，同時讓穿脫鞋物更為舒適，視覺底端鞋櫃門扇選用格柵形式，透氣通風之外，亦有延伸視覺效果。

### 半牆隔間放大空間提升明亮度

取消客廳後方的隔間，改為利用半牆高背牆劃設出半開放式書房、休憩與客房等彈性功能，如此一來既可放大空間尺度也能獲取雙倍光線。

**隱藏餐桌讓視野更開闊**

將摺疊式餐桌隱藏在櫃體內，平常不使用的時候可完全收起來，讓開放廳區視野開闊清爽，廚房區域也採用玻璃隔間，提升小宅通透性。

**低彩度綠牆融櫃於一體，打造實用主臥空間**

主臥房選用低彩度復古綠延伸成為主牆色與櫃體色調，降低櫃體存在感，床頭後方則整合被品收納，讓小空間更具實用性。

Chapter 3　空間實例

CASE 15

# 空間留白，
# 釋放 12 坪小宅最大彈性

空間設計暨圖片提供｜隱作設計　文｜Eva

**HOME DATA** 　地點‧台北市｜坪數‧12坪｜家庭成員‧2人｜使用建材‧超耐磨地板、木皮、鐵件、壓克力

　　屋主為新婚夫妻，考量未來的育兒需求，期待空間保留兩房格局。在僅有12坪的限制下，設計師不將空間塞滿，而是以留白為主軸，為生活留下轉圜餘地。首先將空間一分為二，劃分公領域與臥寢空間，拆除原有廚房，釋放視覺壓迫，同時與客廳合併，讓光線穿透全室，建立開放感。

　　原本的一字型廚房機能不足，冰箱移至側牆，擴大為 L 型檯面，滿足基本備料需求，並新增推車收納，強化實用功能。屋主有在家工作需求，書房嵌入空間轉角，沿窗將書桌與收納整合於同一立面，兼具機能與美觀，下方牆面貼覆淺色木皮延續溫潤質感，同時也有效防污。

　　臥室以簡約為主軸，主臥床頭安排薄牆，可作為置物收納平台，取代床頭櫃功能。次臥微縮，預留孩房用途，釋放更多空間給公共場域。全室牆面留白，適時以弧形巧妙化解空間落差，勾勒乾淨的立面線條，並搭配可移動家具取代固定式櫃體，在有限坪數中保有留白的餘裕，空間使用更有彈性。

**木質家具與人字拼地板，營造清爽北歐調性**

整體以北歐風為主軸，全室淨白，鋪陳人字拼地板，營造清新質感。同時安排移動式木質家具，取代固定櫃體，空間調動更有彈性。

Chapter 3　空間實例

### 壓克力櫃腳，弱化櫃體沉重感

玄關安排高櫃，擴增收納空間，櫃體下方搭配壓克力腳件，減輕量體承重負擔，在小空間中也讓視覺更為輕盈。

### 客廳與廚房合併，擴大公領域

拆除封閉廚房，與客廳合併，有效納入更多採光，公領域開闊寬敞。廚房改為 L 型配置，擴充備料空間，滿足基本料理需求。

### 開放書房融入木質,增添暖意

沿窗打造開放式書房,安排書桌與矮櫃,牆面嵌入金屬層板,賦予充裕收納。下方牆面並以木質修飾,注入溫潤厚實質感。

### 轉角修圓,消弭立面落差

空間一分為二,分隔公私領域,牆體與臥室門片融為一體,勾勒乾淨線條。次臥入口則巧妙以弧形消弭立面落差,柔化尖銳直角,空間調性更柔和。

Chapter 3　空間實例

CASE 16

# 善用空間留白設計，讓小宅也能深呼吸

空間設計暨圖片提供｜知域室內設計　文｜喃喃

| HOME DATA | 地點‧新北市｜坪數‧20坪｜家庭成員‧2人｜使用建材‧磁磚、海島型木地板、班傑明油漆、實木層板、實木貼皮、藤邊網 |

屋主對空間有明確想法，與知域設計師討論後，為提升開闊感，將原三房格局改為兩房。風格定調時，屋主表明偏好侘寂風，建材挑選亦以此為核心展開。

整室以白色為基調，地板使用仿水泥地磚，採用大面積的灰調調降空間明度，將整體空間圍塑出寂靜氛圍；地坪選用大尺寸磁磚，藉由減少磚縫分割，形塑出整片平整的視覺感，而整片平滑的地坪也能凸顯出空間的完整；客廳沙發後方背牆，則使用中性色調特殊塗料，營造出簡單沉穩的氣息，整體展現出自然質樸的風格調性，有別於白牆的特殊質地，亦成為空間吸睛亮點。

客廳原本電視牆的位置，撤除傳統電視櫃牆安排，轉以升降投影布幕取代電視機，精準設定橫抽盤與投影機的距離便於操作流暢，平時若有欣賞影音需求，可使用大型投影布幕，布幕平時可隱藏收起，白色通頂櫃體則能夠滿足空間的整潔收納。

**通頂櫃體設計虛化樑柱，增添收納機能**
原始電視牆位置規劃成整面收納櫃，不只淡化天花樑柱存在感，更滿足居家收納需求，無把手設計形成簡潔立面，輔以懸空、層板交錯設計，豐富牆面設計。

Chapter 3　空間實例

### 簡單純粹的材質，打造自然愜意的格調

空間風格明確，因此多採用木質系、中性色調及大地色系建材，空間呈現出和諧統一的調性，除了強調居家風格，同時空間線條簡潔俐落，為整室保留自然澄澈之美。

### 精準空間規劃設計，兼具實用與美觀

以收納為重的設計需求體現於陳列的壁櫃，採用門片、抽屜、層板等多種形式，滿足各類收納物品需求，收納櫃體加入藤編、木材質等設計元素，卽便是將門片整個打開，看起來依舊賞心悅目。

**整合材質與色調,極簡又不失層次**

空間基調架構完成,家具家飾的點綴能讓風格更完整,統一採用屋主喜愛的橡木延續木質元素,加入少量老家具增添歲月感,客廳沙發跳脫木質調選擇皮質沙發,利用材質差異做出視覺變化,同為大地色則能融入空間不顯突兀。

**延續風格美感,沐浴也是一種享受**

衛浴延伸風格定調灰白,點綴深褐元素與些許黑鐵件,凸顯空間個性與質感,懸座式馬桶後邊檯面穿透濕區玻璃隔間,落下鐵件線條貼合檯面。

Chapter 3　空間實例

CASE 17

# 空間零浪費，美感與機能兼備的法式優雅居所

空間設計暨圖片提供｜構設計　文｜Celine

**HOME DATA** 　地點・台北市｜坪數・20坪｜家庭成員・3人｜使用建材・超耐磨木地板、鐵件、烤漆、帝雉石、木皮

　　20 坪的住宅，承載一家三口的生活日常，屋主在毛胚階段即委託設計師進行規劃，期望打造一個兼具生活效率與視覺品味的居所，並訴求法式古典作為設計主軸，此外，即便下廚頻率不高，但仍希望擁有開放式餐廚，加上女主人偏好在餐桌工作，於是，設計師改以開放式格局創造動線連續感。

　　料理區以中島結合長型餐桌，形成一家人共聚、工作與互動的核心場域。一方面更巧妙規劃出拱形半開放書房，作為孩子家教使用，保有隱私同時也不完全封閉。而像是男主人偶有應酬晚歸，也特地規劃一間隱蔽小客房，讓家人作息不被打擾。

　　全案去除傳統走道空間，改以功能串聯的方式提升坪效，並設有一處近玄關的大型儲物間「800 庫」，讓生活用品有容身之處，主臥與女兒房更設置更衣空間，保留使用自由度。材質上選用法式線板、人字拼木地板與天然石材，調和出溫潤細膩的優雅氛圍，是對美感與機能完美平衡的詮釋。

**串聯動線整合生活機能**
公共區域以開放式手法整合玄關、客廳、餐廚與閱讀角落，形成回字型流線，讓備餐、工作與親子互動無縫銜接。透過弧形元素、線板語彙與材質變化，兼具開闊視覺與生活節奏的舒適性。

Chapter 3　空間實例

### 經典黑白花磚揭開優雅序幕

玄關鋪設經典黑白花磚，搭配優雅弧形穿鞋椅與線板語彙，形塑入門儀式感。櫃體不僅提供收納鞋履與雜物的實用功能，門片與把手更以金色細節提升質感，也延伸出整體空間的設計語調。

### 低彩度與線板鋪陳法式氛圍

客廳主色調以奶油白為基底，搭配人字拼木地板，延伸空間視覺感。電視牆局部以線板修飾，增添溫潤細節與視覺層次。窗簾採柔白色調，保有日光滲透的質感，進一步放大空間氛圍，使客廳成為可休憩也適合招待的開放場域。

**中島與餐桌融合的生活核心**

打破傳統廚房封閉格局，將中島與長桌合併，形塑流動的回字型動線，提供烹飪、工作、陪伴孩子課業的多功能場域。

**玻璃鐵件圍塑閱讀角落**

餐廳一側規劃半開放式書房，利用弧形玻璃與鐵件圍塑，兼顧通透與視覺隔間，讓空間彈性且保有家庭互動性，女兒可於此學習，父母亦能同步處理家務或工作，實用又溫馨。

DESIGNER DATA

# DESIGNER DATA

### 十幸制作
02-2506-4326
10thing.design@gmail.com
104 台北市中山區建國北路一段 55 號 9 樓

### 日居室內設計
02-2883-3570
CNdesign250@gmail.com
111 臺北市士林區大東路 162 號 5F

### 日常計劃空間設計
02-2506-2827
ktoa.studio@gmail.com
104 台北市中山區松江路 315 號 11 樓 B7 室

### 向度設計
02-2756-5829
betweenus.design@gmail.com
110 台北市信義區光復南路 417 巷 159 號 1 樓

### 岩研域寓
artliving.studiotw@gmail.com
701 台南市東區崇德十街 39 號

**知域設計**

02-2552-0208

norwe.service@gmail.com

103 台北市大同區雙連街 53 巷 27 號

---

**溫溫空間設計**

0921-697-062

wenwen.design.tw@gmail.com

330 桃園市桃園區溫州一路 57 號 7 樓

---

**構設計**

02-8913-7522

madegodesign@gmail.com

231 新北市新店區中央路 179 號 1 樓

---

**隱作設計**

02-2391-1131

Behind.interiordesign@gmail.com

106 台北市大安區和平東路一段 199 巷 4 號 1 樓

## 小宅買房裝修全書：購屋關鍵 × 空間規劃 × 收納設計

2025 年 09 月 01 日初版第一刷發行

| 編　　著 | 台灣東販編輯部 |
|---|---|
| 編　　輯 | 王玉瑤 |
| 採訪編輯 | Celine，Eva，Fran Cheng，喃喃，陳佳歆 |
| 封面・版型設計 | 謝捲子@誠美作 視覺設計 |
| 特約美編 | 梁淑娟 |
| 發 行 人 | 若森稔雄 |
| 發 行 所 | 台灣東販股份有限公司 |
| | ＜地址＞台北市南京東路 4 段 130 號 2F-1 |
| | ＜電話＞(02)2577-8878 |
| | ＜傳真＞(02)2577-8896 |
| | ＜網址＞https://www.tohan.com.tw |
| 郵撥帳號 | 1405049-4 |
| 法律顧問 | 蕭雄淋律師 |
| 總 經 銷 | 聯合發行股份有限公司 |
| | ＜電話＞(02)2917-8022 |

著作權所有，禁止翻印轉載
Printed in Taiwan
本書如有缺頁或裝訂錯誤，請寄回更換（海外地區除外）。

---

小宅買房裝修全書：購屋關鍵 x 空間規劃 x
收納設計 / 台灣東販編輯部編著.
　-- 初版 . -- 臺北市：
臺灣東販股份有限公司, 2025.09
176 面；17×23 公分
ISBN 978-626-437-088-2（平裝）

1.CST: 不動產業 2.CST: 施工管理
3.CST: 室內設計 4.CST: 問題集

554.89　　　　　　　　　　　　114010070